VERDUN 1916

Jean-Claude Auriol

VERDUN 1916

UN REGARD SUR L'HISTOIRE D'UNE BATAILLE

Éditions Tirésias

Collection « Histoire »
dirigée par Michel Reynaud

L'auteur a déjà publié :

Les barbelés des bannis, Tirésias, 2003
Mémoire de papier, Tirésias, 2004

www.editions-tiresias.com
ISBN 2-915293-34-1

« Il n’est point de secret que le temps ne révèle… »
Racine, Britannicus

En souvenir de mon grand-père Frédéric,
ancien poilu de Verdun.

INTRODUCTION

« Verdun, c'est une guerre tout entière dans la Grande Guerre »
Paul Valéry

Quatre-vingt-dix ans ont passé depuis la Bataille de Verdun que les autorités allemandes avaient baptisée du nom de code « d'opération *Gericht* » (Jugement).

200 morts à l'heure ! La cadence infernale des combats ravage les rangs des deux armées, Français et Allemands apprennent chaque jour à vivre l'enfer[1].

En effet, l'opiniâtreté de la résistance désespérée des poilus, la violence extrême des combats firent de Verdun un supplice où le martyre du fantassin a atteint un record d'épouvante.

Cette bataille n'a rien de commun avec les autres, il y a 14-18 et il y a Verdun. Elle connut un niveau différent de tout ce que le commun des mortels avait pu imaginer auparavant. Exception faite, peut-être, d'un officier visionnaire, le colonel Driant, qui avait prévu ce nouveau genre de combat : obus de tous calibres, obus asphyxiants, lance-flammes, qui devaient tuer le plus d'hommes possible.

À Verdun, le 21 février, premier jour de la bataille, un homme est tué toutes les 5 minutes, et il est tombé plus d'un obus au centimètre carré. Certaines unités ont perdu plus de la moitié de leurs effectifs. Les gaz ont

1. Aucune troupe alliée ne participa à la Bataille de Verdun. Elle fut la bataille de l'Armée française seule.

tué des centaines de soldats après de cruelles souffrances. La terre de Verdun renferme en son sein des milliers de cadavres français et allemands. Aucune autre bataille, même celle de Stalingrad, n'a coûté autant de vies humaines.

Pour le GQG allemand, il ne s'agissait plus de vaincre, mais d'exterminer[1].

Aussi le nom de Verdun eut une exceptionnelle résonance à travers le monde. En France, le prestige de la ville martyre, acquis au prix du sacrifice de milliers de jeunes gens, est immortalisé sur la plaque d'une rue ou d'une place du plus petit village, sur la pierre d'un monument ou sur le tissu soyeux d'un étendard.

Verdun quatre-vingt-dix ans après, évoque toujours un effroyable carnage, un massacre de vies humaines. Pourquoi ? C'est la question que se sont toujours posés les acteurs de ce drame, le poilu comme le *feldgrau*[2] au lendemain de l'Armistice.

Du côté de Berlin, les raisons du choix de Verdun sont contenues dans un rapport présenté par le généralissime Erich von Falkenhayn, chef d'état-major, dont l'extrait ci-dessous est significatif : « La France est arrivée tout près de la limite de son effort militaire avec un dévouement admirable... La conservation des objectifs va obliger le commandement français à employer jusqu'à son dernier homme... S'il agit ainsi, les troupes françaises seront épuisées par leur perte sanglante... ces objectifs en question sont Belfort et Verdun, toutefois c'est Verdun qui mérite la préférence... »

Autre considération à prendre en compte, le terrain. Les alentours de la ville forment un saillant qui permet des attaques convergeant des deux côtés. De plus, le champ de bataille est scindé en deux par le fleuve, la Meuse, élément défavorable à une armée pour sa défense. Enfin les services de renseignement l'avaient déterminé, les forts de la Région Fortifiée de Verdun avaient été désarmés[3]. À ces avantages tactiques, s'ajoute pour les troupes du Kaiser un atout logistique essentiel : elles bénéficient d'un important réseau de communication, elles disposent de sept voies ferrées normales reliant le camp retranché de Metz au front, alors que du côté français, l'état-major français ne peut utiliser que trois axes d'approvisionnement.

Ainsi von Falkenhayn décide de lancer sur Verdun l'armée du Kronprinz Wilhelm de Prusse, prince héritier de l'empire allemand. Celui-ci était le

1. Certains historiens ont parlé à propos de cette bataille « d'holocauste de Verdun ».
2. *Feldgrau* ou vert de campagne. Ce nom restera attaché au soldat allemand durant la Première Guerre mondiale.
3. L'État-major français avait pris cette malheureuse décision suite à l'écrasement des forts belges au début de l'invasion de 1914.

premier enfant du Kaiser, personnage bien singulier qui lui valut le surnom de « triste sire » Il était vêtu de la sinistre tenue des hussards de la mort, noire et argent. On lui prête de nombreuses aventures, parfois scabreuses, comme une certaine Gaby Beurrier, fille du plus important tenancier de maison close de la région de Charleville, siège de son état-major.

Marié à Cécile de Mecklenburg-Schwerin *(Kronprinzessin)* il eut trois enfants. Il abdiquera en novembre 1918 et ne fut pas troublé par le IIIe Reich.

La presse française ironisa sur le titre de Kronprinz, difficile à prononcer il est vrai. Les journaux titraient le plus souvent les articles satiriques du *Clonw-triste*. Au début de l'année 1918, les périodiques allemands le baptisèrent « l'assassin souriant de Verdun ».

Le successeur du Kaiser n'était pas reconnu comme un tacticien militaire performant[1]. L'état-major allemand connaissait la grave déficience en artillerie, en voies de communication de l'armée française, comptait sur la supériorité tactique des officiers et surtout sur une logistique écrasante.

Enfin, il faut ajouter à toutes ces considérations une motivation morale qui tenait à l'importance de Verdun dans l'histoire militaire de la France. C'est ainsi que le 14 février 1916, le Kaiser adresse à ses troupes une proclamation glorifiant l'attaque imminente : « Pour établir la paix voulue par le peuple, il faut savoir clore la guerre par une bataille décisive. C'est à Verdun cœur de la France, que vous cueillerez le fruit de vos peines ».

La prise de Verdun avait ainsi pour but l'effondrement du moral de l'armée française. Idée qui était confirmée par les écrits du général Pétain d'après guerre : « Verdun c'est le boulevard moral de la France » [2]. Les grands chefs français furent le commandant en chef Joseph Joffre qui décidera de retirer les canons des forts de Verdun. Puis arrivera le général Henri Philippe Pétain qui va retirer de cette bataille un prestige sans égal. Le général Robert Nivelle bloquera la dernière offensive allemande qui aboutira à la reprise du fort de Douaumont. Il aura pour bras droit le général Charles Mangin qui se verra, comme le Kronprinz, reprocher le taux de pertes subies par ses troupes, ce qui lui vaudra le surnom de « Boucher de Verdun ».

Tactiquement, la bataille de Verdun a un caractère unique dans l'histoire de la Grande Guerre. Verdun est un creuset, une fournaise, un lami-

1. La bataille sera en fait conduite par le chef d'état-major, le général Constantin Schmidt von Knobelsdorf assisté de son artilleur le major général Beeg. Le Kronprinz avait deux prénoms, Friedrich et Wilhelm. L'usuel était le second, ce qui explique son monogramme W. En cas de règne, il aurait alors porté le titre de Wilhlem III.
2. In *La Bataille de Verdun,* Paris, 1929. Totalement inconnu de la majorité des Français Philippe Pétain en 1914 était un simple colonel qui allait prendre sa retraite. La guerre modifia son destin et le fit passer officier général. La Bataille de Verdun allait faire de cet homme l'un des plus célèbres généraux de la Grande Guerre.

noir où il n'y a plus de front, plus de tranchées, plus d'abris. C'est aussi un champ de bataille rétréci à une vingtaine de kilomètres, une concentration d'armes et de moyens jamais réalisée sur un espace aussi restreint. Sans omettre les combats au corps à corps, la prise dramatique des forts, l'éradication complète de neuf villages. Il est aussi important de remarquer la durée exceptionnelle de la lutte (9 mois) et la presque égalité des morts et disparus, environ 230 000 dans chaque camp.

Enfin les dirigeants militaires ont pu observer que des unités isolées, complètement livrées à elles-mêmes, ayant perdu la plupart de leurs chefs, ont poursuivi la lutte en réalisant de véritables exploits.

L'opinion publique a eu une perception ambiguë des combats, faite d'une certaine « héroïsation » populaire fabriquée par la presse[1]. Le journalisme a, par des titres à la une subjectifs, participé à la légende de Verdun : la fournaise de Verdun, Verdun l'inviolée, Ville glorieuse, Ville immortelle, Verdun dit « on ne passe pas », etc. Mais aussi par les inquiétudes consécutives révélées par les courriers et les récits des permissionnaires. En réalité les horreurs de la bataille éloignent le combattant du non-combattant, le poilu de Verdun appréciant peu l'image que l'on donne de lui. Il mesure l'incapacité de l'arrière à mesurer ses souffrances qu'il a lui-même du mal à exprimer.

90 ans après, il est à craindre que l'oubli ne s'immisce lentement dans la mémoire collective. Pourtant il ne se passe pas une semaine, à un endroit ou à un autre du champ de bataille, sans que l'on mette à jour les restes d'un ou plusieurs soldats portés disparus en 1916.

Certaines associations et historiens ont relevé le défi et, par l'analyse, les récits, les expositions, tentent de transmettre le souvenir de cette terrible bataille. Et aussi bizarrement que cela puisse paraître la demande du public est toujours importante[2]. À cela on peut trouver plusieurs explications : les recherches constantes des généalogistes amateurs, le contexte d'horreurs actuel ou encore le deuil non encore effectué de cette tragédie ! Par exemple, l'usage intensif des gaz dans les trous d'obus de Verdun n'a-t-il pas engendré dans l'inconscient, la crainte ou la psychose d'une guerre chimique ou bactériologique ? N'oublions pas qu'aucun autre combat n'a eu une réso-

1. La bataille a été également à l'origine de formules militaires magiques, bien vite reprises par la presse : « Le pays a les yeux sur vous, vous serez de ceux dont on dira "Ils ont barré aux Allemands la route de Verdun". Courage on les aura, Ils ne passeront pas », etc.

2. On peut noter ce fait autant du côté allemand que du côté français. Il est utile de signaler que les visiteurs germaniques représentent la majorité des touristes visitant les zones de combat meusiennes.

nance émotionnelle comparable et 90 ans après, le pathétique de la lutte à Verdun demeure.

Aujourd'hui nous savons que la Grande Guerre et la bataille de Verdun n'ont pas livré tous leurs enseignements et tous leurs secrets. Cet ouvrage permettra peut-être de retrouver une certaine vérité, qu'il n'est pas, même en cette année 2006, facile de débusquer.

Toutefois, je ne saurais avoir la prétention d'évoquer en quelques pages toutes les péripéties de ce drame gigantesque que l'Histoire a enregistré sous le nom de Bataille de Verdun. Ce travail a pour finalité la recherche de faits essentiels qui ont pu avoir une incidence sur la conduite de la lutte ou sur sa mémoire.

Afin d'approfondir l'histoire de cette bataille, j'ai porté une grande attention au détail. Souvent une minuscule anecdote glanée dans un récit, un témoignage, nous révèle des faits cent fois plus intéressants que mille histoires éternellement répétées. Pour cela, aucun document ne doit être récusé même s'il peut paraître insignifiant.

Le travail des historiens et de ceux qui recherchent la vérité n'est nullement achevé car, « Où les historiens s'arrêtent ne sachant plus rien, les poètes apparaissent et devinent » [1].

1. J. Barbey d'Aurevilly, *Un prêtre marié* (1865).

LE SOLDAT DE VERDUN

« Je voudrais entendre les morts parler de la guerre »
Alain

La fiction allemande d'une guerre fraîche et joyeuse est morte à Verdun, tandis que naissait en face une espèce de soldat : le poilu de Verdun. Le mythe du poilu de Verdun est également le résultat de l'image de la « guerre dans la guerre ». Pendant les dix mois de la bataille, les combattants français ont « tenu » et souvent attaqué vainement.

Le poilu de Verdun est peint en bleu horizon, il porte le casque Adrian dit bourguignote, offrant une protection faible, une capote, sorte de cache-misère que celui-ci portait par tous les temps. Au bas du pantalon, des bandes molletières, forme moderne des énemides[1] d'un maintien difficile, et enfin des brodequins cloutés. L'armement individuel se résumait en un fusil « Lebel » [2] muni de sa baïonnette, un couteau de tranchée et de quelques grenades. L'équipement classique comportait également le masque à gaz, une ou deux musettes et un bidon.

Ce poilu est rentré dans la légende également avec sa pipe rivée aux dents, son visage piqué de barbe, gueulard, têtu, il est de tous les combats, il marche dans la boue, il crève de soif l'été, de froid l'hiver, il est dévoré par la vermine, mais il tient.

1. Jambières des soldats grecs de l'Antiquité.

2. Du nom de son inventeur le colonel N. Lebel né à St Mihiel en Meuse. Au sujet de la baïonnette (Rosalie) peu utilisée, il faut noter une phrase clamée par Clemenceau à la chambre des députés « On peut tout faire avec des baïonnettes sauf s'asseoir dessus ».

Dans la nuit qu'éclairent les éclatements d'obus, il suit comme un automate le « copain » lors des relèves. Il peste contre cette satanée guerre, contre le commandement, contre la soupe, le temps, les boches, mais il marche. Il apprécie le bidon de « pinard » et celui de gnôle qui lui donneront du courage pour l'attaque.

Un vieil adage de l'époque affirmait que la « grogne » fait partie du paquetage du soldat comme le bidon ou la musette[1].

L'histoire retiendra tout de même que ces « fantassins », qu'ils soient français ou allemands, étaient liés par une fraternité exceptionnelle qui est née dans l'infortune, dans le sacrifice, dans la peur et dans l'honneur.

À côté du fantassin classique se trouvaient des spécialistes au rôle très important et primordial dans cette bataille : aviateurs, automobilistes, pionniers, téléphonistes, mitrailleurs, les territoriaux, les grenadiers, les anonymes « hommes-soupe », les coureurs au renom impérissable.

Parmi les fantassins, une mention spéciale doit être faite aux plus âgés d'entre eux, les terrritoriaux[2].

L'imprévision d'un commandement absurde les avait laissés en nombre sur le territoire de Verdun. Après l'assaut du 21 février, ils furent retirés des premières lignes et fournirent en permanence, à l'armée de Verdun, les services de l'arrière : entretien de la « Voie Sacrée », le transport de matériels, de munitions, plantons, améliorations de cantonnements, etc. « Ils personnifiaient dans leur résignation qui se teintait de bonne humeur, l'ingéniosité française[3] ».

Les mitrailleurs, lorsque leur matériel restait utilisable, jouèrent un rôle capital contre les attaques allemandes.

Les téléphonistes avaient à réparer sans trêve les lignes coupées par les obus. Le soldat H. Langlois était un de ces spécialistes, obligé de courir sous la mitraille, lourdement chargé : pinces, appareil à tester, grosse bobine de fil, étiquettes, etc.[4]

C'est sous le même bombardement, sous les mêmes nuages toxiques que devaient naviguer d'autres passagers de l'enfer de Verdun, parmi eux

1. Selon plusieurs témoins, les combattants utilisaient des moyens subtils pour manifester leur mauvaise humeur. Par exemple, dans le quartier de Verdun (Faubourg Pavé) une centaine d'hommes marchent vers le secteur de Tavannes, Vaux et tout d'un coup, en passant devant des officiers, ils se mirent à bêler comme des moutons que l'on mène à l'abattoir – *Almanach combattant* – année 1956.

2. Les poilus disaient ironiquement « les terribles taureaux » (dictionnaire argot du poilu).

3. J. Valmy-Baisse dans *La Grande Guerre racontée par les combattants* (1922).

4. Rencontré à Verdun au cours d'un voyage d'études (juillet 1988).

les hommes-soupe. L'énergie déployée par ceux-ci, souvent volontaire est énorme. Ils rentraient lourdement chargés, harassés de fatigue, faisant les derniers mètres sous les balles des mitrailleuses. « Le sergent envoya au Mort-Homme une équipe de huit hommes à la soupe, cinq revinrent le lendemain, sans ration. Le soir même, huit autres partirent et aucun ne revint. Au bout de trois jours, nous fûmes obligés de chercher des vivres sur les cadavres environnants dont la plupart étaient dans un état de décomposition avancée[1] ».

Les agents de liaison assuraient les relations entre les commandants de compagnie et le chef de bataillon. Ils devinrent les « coureurs » en formant une sorte de professionnels spécialisés. Ce terme de « coureur » naquit véritablement à Verdun. Pour ces hommes, ils s'agissaient de courir, courir toujours pour sortir des zones infernales, courir pour demander des renforts, un tir de barrage ou tout simplement des ordres. Les combattants ne pouvaient communiquer que par ces hommes anonymes plus héroïques que celui du célèbre Marathon qui, lui, n'eut aucun barrage d'artillerie à traverser.

Frédéric m'a précisé au sujet de ces coureurs : « Les volontaires n'ont jamais manqué, pourtant ils couraient d'énormes dangers, c'était des types gonflés[2] ».

Le corps des brancardiers était, le plus souvent, composé de musiciens du régiment, de prêtres, pasteurs et infirmiers. Ils traversaient le champ de bataille de nuit portant leur lourde charge, meurtrie et gémissante. Ils n'allaient que dans les trous d'obus les plus avancés et encore pas toujours. Aussi des blessés évanouis ou silencieux échappaient à leur quête. Sans compter ceux qui avaient été tués par un éclat d'obus sur leur brancard. Souvent les brancardiers se transformaient en blessé au moment de relever un camarade « amoché » [3].

Les chauffeurs de la « Voie Sacrée » méritent un hommage particulier. Des jours et des nuits, ils restaient rivés à leur volant, brisés de fatigue, mangeant quand et comme ils pouvaient. L'hiver, leurs mains étaient gonflées d'engelures et lorsqu'un instant de répit leur permettait de se déchausser, la peau de leurs pieds était solidaire des chaussettes.

L'aviateur ex-fantassin, cavalier ou artilleur était détaché de son régiment pour une mission qu'on crut d'abord de peu d'importance. Pourtant à partir de 1916, l'aviation prit une part considérable aux événements à

1. R. Arnaud. Témoignage relaté dans le livre *Verdun* de J. H. Lefebvre (1960).
2. Selon le témoignage de mon grand-père.
3. Terme employé à l'époque, c'est-à-dire blesser, diminuer et plus exactement « rendre moche ».

Verdun. Ceux qui firent partie de cette spécialité menèrent une vie bien différente de celle du simple « biffin » [1].

L'artilleur était celui des régiments d'artillerie de campagne (RAC), celui du formidable et immortel canon de 75. Son rôle fut important à Verdun pour contenir les assauts ennemis. L'artilleur de 75 a été sans doute le combattant qui se rapproche le plus du fantassin. Son sort était sans recours quand ses pièces se voyaient détruites par le feu ennemi ou par l'éclatement lorsqu'elles avaient trop servi. De plus les liaisons avec les premières lignes étant imparfaites, ne permettaient pas un tir bien ajusté : trop long il était inefficace, trop court il frappait les combattants amis. Ce fait provoqua des imprécations des fantassins contre les artilleurs. Pas de distinction entre les obus qui écrasent les fantassins. Tous les témoignages le soulignent, une fois sur quatre ou même trois, les éclats d'obus amis déchiraient les soldats. Ces tirs trop courts n'épargnaient pas davantage les Allemands. Du côté français surtout l'artillerie aveuglée par les fumées du combat, démunie d'observatoires ne pouvait répondre aux fusées des observateurs de l'infanterie[2].

Le capitaine Delvert décrit bien cette situation : « La moitié de nos pertes est le fait de notre artillerie… Cette fois ce sont les nôtres qui tirent… mais sur nos tranchées ! »

Les servants de l'artillerie dite « ALGP et ALVF » [3] étaient dans l'ensemble mieux lotis car leurs canons se trouvaient à plusieurs kilomètres des premières lignes. Ce n'était pas le cas de l'artilleur dit de tranchée qui vivait et combattait près des fantassins. Cette artillerie inventée par l'état-major allemand permettait le tir de grenades ou mines[4] en tir courbe ce qui détruisait plus facilement les tranchées et les hommes qui s'y abritaient. En France, ces engins de mort prirent le nom de « crapouillot ». En effet, la forme de ces lance-bombes rappelait la physionomie du crapaud. Aujourd'hui on parle de « mortier ». Les soldats de l'artillerie de tranchée étaient surnommés les « crapouilleurs » ou « bombardiers ».

Les soldats du génie (pionniers) étaient représentés surtout par des techniciens en général non combattants : sapeurs de chemin de fer, pontonniers,

1. Surnom du fantassin. Le biffin était un membre ou un gars de la biffe c'est-à-dire de l'infanterie.

2. Conventionnellement, une fusée rouge pour demander un tir de barrage lors d'une attaque de l'ennemi, verte pour solliciter l'allongement du tir afin de développer une contre-attaque.

3. ALGP : artillerie lourde à grande puissance, ALVF : artillerie lourde sur voie ferrée.

4. Les *Granatenwerfer* et les *Minenwerfer*. Ces derniers projetaient des *Minen*, dits « seaux à charbon » chargés de 50 kilogrammes d'explosifs. La lenteur relative de ces *Minen*, permettait souvent au poilu de les éviter.

télégraphistes[1], spécialistes chargés des pigeons voyageurs. Par contre les compagnies du génie au front avaient un rôle essentiel, elles étaient chargées des travaux défensifs, des préparatifs d'attaques, des franchissements d'obstacles, des constructions d'ouvrages, etc.

Il ne faut surtout pas omettre de citer dans l'infanterie de Verdun, les Africains. Parmi ceux-ci on trouvait des tirailleurs marocains ou algériens intégrés dans le fameux RICM[2]. La bravoure et la fidélité sur les champs de bataille étaient les vertus de ces soldats, leur défaut, si je puis dire, c'est de paniquer lorsque le chef est tué au combat.

Autres soldats, les tirailleurs sénégalais, issus de différents pays (Niger, Soudan, Dahomey, Sénégal) ils formeront les bataillons d'élite, composés de vieux soldats et de jeunes recrues[3]. Les anciens conseillent les nouveaux et refrènent quelque peu la fougue qui caractérise les jeunes soldats.

Durant la bataille de Verdun, c'est le 61e bataillon de tirailleurs sénégalais qui s'illustrera. Les hommes de ce régiment sont surtout connus pour se précipiter sur les Allemands avec l'arme blanche (couteau ou serpette) entre les dents.

Il est bon de noter que l'état-major, dès 1916, a essayé de soutenir le moral de ces tirailleurs d'Afrique par de la nourriture agrémentée : du riz à la place du pain, le tafia remplace le vin, du thé, de la noix de kola et des condiments importés de leur pays.

Les marins ne furent pas absents de la bataille, leur formation servait en effet les batteries de canons lourds, 140 et 160 mm. Installées sur des péniches évoluant sur le canal jouxtant la Meuse, ces batteries jouèrent un rôle important. Les canonnières fluviales pouvaient arroser de leurs gros obus les arrières de l'armée allemande.

Les joyeux[4] étaient recrutés parmi des jeunes gens ayant subi une condamnation avant leur incorporation ou parmi des soldats qui avaient commis des fautes graves contre la discipline. Ces hommes s'illustrèrent au cours de la bataille, notamment lors des combats de la côte 304, sur la rive gauche de la Meuse. Ils faisaient l'admiration des fantassins par leur bravoure et leur prise de risque. Bien qu'il ne s'agisse pas d'unité consti-

1. C'était en fait les premiers utilisateurs d'une radio qui devait son essor au général Ferrier. Ils appartenaient au 8e génie basé à Versailles.

2. C'est le RICM (Régiment d'Infanterie Coloniale du Maroc) qui, accompagné des hommes du 43e bataillon sénégalais et de 2 compagnies de Somalis enlèvera le fort de Douaumont.

3. Ces soldats appartenaient à différentes ethnies : Bambara, Kassouké, Soninké, Toucouleurs, etc.

4. Nom populaire des soldats incorporés aux bataillons d'Afrique. On les surnommait également les « Bat daf » ou Bataillonnaires. *L'argot des poilus* de F. Dechelette, 1918.

tuée, il existait également les « Corps Francs ». Ces groupes étaient composés de volontaires pour des missions à hauts risques, telles que des patrouilles dans les lignes ennemies afin d'en ramener des prisonniers. En contrepartie, ces hommes n'étaient pas astreints aux corvées et bénéficiaient d'une certaine autonomie.

Enfin il faut faire ici mention de l'officier. Pas l'officier général qui ne venait jamais sur le terrain de combat. Ni de l'officier trésorier ou celui de liaison qui vivait dans l'entourage d'un colonel et ne montait jamais en ligne. Ces chefs étaient considérés par les fantassins comme des embusqués. Seuls les lieutenants et les sous-lieutenants vivaient au front au plus près de leurs hommes, mais comme le disait un survivant: « ils ne faisaient pas les patrouilles, ni les corvées et n'assuraient pas la garde… »

Après avoir explicité ces distinctions, on peut se demander comment et par quelle force interne, avaient pu naître une ambiance et une camaraderie dans ces groupes de soldats obligés de vivre ensemble.

L'esprit de corps, la défense du territoire national et surtout de la terre pour une majorité de soldats « paysans » sont à l'origine de cette véritable osmose. Sans doute, le bleu horizon a réuni ces hommes sous la même bannière, celle de l'unité. À ce bleu horizon, il convient d'ajouter le kaki pour les coloniaux et les troupes d'Afrique et les différents symboles comme l'ancre de la coloniale[1] le croissant de l'Islam et le cor pour les chasseurs à pied ou alpins, icônes fièrement arborées sur le casque.

Il n'empêche que les fantassins formaient un front commun contre les « autres », (artilleurs, intendance, état-major, conducteurs) mais c'était une façon de se mettre en valeur sans arrière-pensée. De la même façon entre eux, ils discutaient de la réputation de leurs différentes unités. Lequel parmi leur régiment en avait « bavé » le plus: le RICM, ceux de la division de fer ou ceux de la division des as[2].

« C'est dans cet enfer que le poilu de Verdun, sous ses divers aspects, menait sa vie quotidienne. Il a montré là, les mêmes mœurs, les mêmes habitudes, les mêmes caractères simplifiés d'homme revenu à l'état primitif [3] ».

Autre « personnage » du front, quoiqu'il ne s'agisse pas d'un être humain, il est important de mentionner un auxiliaire du poilu de Verdun, l'animal [4].

1. Cette ancre venait du temps ou cette arme s'appelait l'infanterie coloniale.
2. RICM, division de fer du XXe corps de Nancy, division des as du VIIe corps de Besançon.
3. Henri Barbusse dans *Le feu*. Prix Goncourt 1916.
4. Nombreux ont été les chiens baptisés du terme de Poilu. « Tu comprends, écrivait André à sa chère Nénette, notre chien souffre comme nous et ne se plaint jamais. Alors on l'a baptisé le Poilu Nestor ».

Petits ou grands, les animaux ont été jetés dans la bourrasque de cette bataille sans aucune pitié. Ils ont parfaitement rempli leur devoir, forçant l'admiration des combattants. Mais personne ne s'en souvient, leur récompense fut la mort et l'oubli.

Quels furent les animaux utilisés par les armées des deux camps à Verdun ?

Tout d'abord dans une guerre, les transmissions représentent le souci constant des états-majors. Lorsqu'il n'y a ni téléphone, ni télégraphe, il reste les pigeons. Le pigeon voyageur accompagne les armées, installé avec sa femelle dans des pigeonniers mobiles que l'oiseau regagne naturellement. En effet, le pigeon, d'où qu'il soit, revient toujours auprès de sa compagne. Pour cela, il brave héroïquement fatigue, intempéries, bombardements, gaz et arrive épuisé à son pigeonnier. L'exemple du pigeon du fort de Vaux[1] est significatif. Cet oiseau est mort à son arrivée à Verdun, gazé.

Le cheval, le mulet, l'âne payèrent un lourd tribut. Simples bêtes de somme, l'armée ne leur apporta pas le soin minimal auquel ils avaient droit en tant que montures. Ces pauvres animaux s'enfonçaient dans la boue, s'y cassaient les pattes, crevaient de faim, de froid, étaient constamment exposés aux tirs des canons qui les affolaient et aux gaz qui les étouffaient. À ce sujet, pour éviter que les éclatements d'obus les paralysent, il était d'usage de tirer un coup de feu près des oreilles des mulets et ânes afin de les rendre sourds.

Un témoin (J. Junca) [2] a décrit ces petits ânes : « ils ravitaillaient en rouleaux de fil de fer l'entrée du tunnel de Tavannes, endroit particulièrement exposé. Le lieu était constamment bombardé et ces pauvres bêtes ne paniquaient pas. L'ânier chargé de les conduire me donna la solution. On les avait rendus sourds ».

D'autres animaux hantèrent curieusement le champ de bataille, ce sont des chats et chiens recueillis et adoptés par les poilus. Très utiles à ceux-ci, puisqu'ils chassaient les rats, les souris, sans oublier l'aide morale apportée par ces animaux de compagnie.

En effet silencieux et omniprésents, ils apportaient soutien et réconfort aux plus durs moments de la lutte. Cette communion entre chiens, chats et combattants éleva très vite ces bêtes au rang de petit poilu.

« N*otre compagnie en a deux ou trois dont l'un vit parmi nous. C'est un joli animal joueur, il fait à merveille la chasse aux rats, il est aimable avec les hommes mais batailleur avec ses congénères et se jette sans*

1. Voir le chapitre intitulé l'agonie du fort de Vaux.

2. Témoignage cité dans *Verdun,* J. Péricard, 1932.

façon sur les « copains » plus gros. Il vivrait très bien, si le canon ne lui faisait peur. Pauvre chien de ferme ! Quand éclate un obus, il baisse les oreilles et la queue, ses pattes deviennent flasques, ses yeux se voilent et il se colle à nos jambes, tremblant, timide… »[1]

Mais le plus fidèle compagnon, celui à qui il ne manque que la parole restera le chien militaire. Certains seront décorés de la croix de guerre. Pourtant du côté français le commandement mit un certain temps à reconnaître l'utilité du chien militaire. Les Allemands possédaient avant-guerre 2000 bêtes de race canine dressées et opérationnelles. Les chiens étaient chargés soit de secourir les blessés, soit de surveiller l'ennemi ou de seconder les sentinelles et dans ce cas, ils portaient un masque à gaz. Mais la principale fonction des chiens c'était la « liaison », c'est-à-dire porter des messages en remplaçant ainsi les coureurs.

Face à ces héros qu'étaient les poilus, vivaient les soldats allemands qui ont eux aussi payé un lourd tribut durant la bataille. Même si pour l'armée allemande, d'autres fronts ont été incroyablement meurtriers, Verdun reste dans la mémoire collective allemande comme la bataille la plus atroce. Une zone de mort expliquait un ancien combattant allemand rencontré à Verdun. Ce témoin rapprochait d'ailleurs le destin des soldats des deux camps[2].

Dans les trous d'obus, tout était identique, chacun était logé à la même enseigne. Cet état de fait explique les gestes de fraternité : échange de cigares, de nourriture, recherche d'eau facilitée etc. Un autre témoin me précisait que la seule différence entre les deux armées se remarquait aux sacrifices plus importants du côté allemand : « Notre armée était offensive alors que les Français se défendaient ».

Il faut ajouter à cette idée que le système de noria (le tourniquet) mis en place par le général Pétain assurait un roulement plus régulier des soldats sur le front. Car, à l'encontre des troupes françaises, les contingents allemands se voyaient peu remplacés. Les unités devinrent squelettiques, voire anéanties. L'isolement du soldat allemand à Verdun fut total. Ce sentiment a été bien décrit dans un livre référence de Schauwecker[3] : « Le soldat de Verdun est indifférent, taciturne et plein de solitude sans limites. Les liens entre lui et son pays sont rompus, il se sent foncièrement abandonné et par ses supérieurs et par le monde civil ».

1. Extrait d'un texte au verso d'une carte postale en franchise militaire adressée par un poilu à sa très chère Louise. Collection particulière.
2. Willy Nortduflt de Bonn. Le seul ancien soldat allemand auquel fut attribué la Médaille de Verdun.
3. *Dans le gouffre de la mort*, 1919.

Il ne faut pas oublier que c'est au cours de cette bataille que naquit l'idéologie des « casques d'acier » nom emblématique de la plus grande fédération des anciens combattants nationalistes. Ces casques d'acier résolument militaristes et convaincus de la trahison des civils, du « coup de poignard dans le dos des soldats », feront la force d'un certain caporal Adolphe Hitler.

Il faut préciser que le poilu n'avait pas une animosité exacerbée envers le *feldgrau*. Les écrits révèlent souvent la phrase : « C'étaient des pauvres bougres comme nous ». F. Viviès, ancien combattant du fort de Vaux lors d'une rencontre avec H. Meuth[1] a résumé parfaitement ce point de vue : « ce n'était pas un ennemi, c'était un copain de misère ».

Sur le terrain, les troupes françaises et allemandes s'enchevêtraient suivant les attaques et les contre-attaques. Quelquefois on a pu assister ainsi à des actes dits de fraternisation. Souvent la lutte aveugle était source de méprise : « Les Allemands étaient si près de nous qu'un soir un des nôtres est allé par erreur leur porter la soupe et le pinard. On ne l'a jamais revu… P. Arnoux du 142e RI ».

Enfin et contrairement à une légende tenace, du côté allemand combattaient de nombreux alsaciens. Au cours d'un pèlerinage à Verdun, la capitale de la Paix, j'ai eu l'occasion de rencontrer un ancien combattant qui, dès la première phrase me précisa : « J'y étais (à Verdun), mais en face ». En effet Joseph B. ancien combattant allemand n'aimait pas trop raconter sa guerre. Alsacien originaire de Colmar enrôlé de force, il dut combattre à Verdun et ailleurs sous l'uniforme *feldgrau*. Il grossira ainsi les rangs des « Malgré Nous » [2]. L'Alsacien subira les railleries de ses camarades et deviendra le « larbin » de la compagnie. Il sera sous la surveillance quasi permanente d'un sous-officier afin d'éviter qu'il ne déserte. Il survivra à la guerre et l'armée allemande lui accrochera la croix de Fer à la vareuse. Sa relation trop courte s'arrêtera là. En revanche il fut plus prolixe sur ses activités dans la résistance française durant la Deuxième Guerre mondiale.

Les alsaciens malgré nous, que l'histoire a retenu ne sont pas légion : R. Ernst de Munster qui participa à la prise du fort de Vaux, le docteur P. Bertololy a fait Verdun comme il le soulignait, il devint un grand nom de la littérature alsacienne germanophone. Auteur notamment de « Vision der Gotik », il sera très lu en Allemagne. *L'Oberrheinischer Kulturpreis* de la J.W. von Goethe-Stiftung lui sera décerné en 1969 à Freiburg pour

1. Rencontre au cours du Pèlerinage annuel de juin 1986. Les deux anciens avaient combattu face à face, au Fort de Vaux.
2. Les Allemands surnommaient ces soldats les « Ceppi »

l'ensemble de son œuvre. C. Kentz résidant à Colmar faisait partie des derniers poilus. Il est mort récemment à l'âge de 108 ans. Enrôlé par les Allemands, il avait combattu à Verdun en septembre 1916. Rapidement blessé, il fut une fois rétabli, envoyé dans la Somme. Du côté français, un autre alsacien très connu participera à la bataille de Verdun le général Taufflieb.

La bataille de Verdun est une bataille d'artillerie, formule lapidaire et trop simpliste pour être exacte. On verra que les poilus comme les *feldgrau* eurent à leur disposition une panoplie de nouveaux instruments pour participer à la lutte.

Mais ce que les combattants français ont toujours renié à Verdun, c'est l'usage de la baïonnette. Cette « rosalie » ne servait que dans les corps à corps très rares. Comme l'a écrit Norton Cru « L'usage était de mettre baïonnette au canon lors d'une attaque… Ce n'est pas une raison pour l'appeler une attaque à la baïonnette plutôt qu'une attaque en molletière ».

De la même façon, l'imagerie populaire montrait les officiers partant à l'assaut armés d'un sabre. La majorité des chefs utilisaient une canne. Les couteaux de tranchée furent également moins utilisés que la littérature de guerre a bien voulu le faire croire. Il en va de même des couteaux-scies allemands qui ne servaient qu'à scier des branches ou des racines d'arbres.

Verdun, c'est le plus souvent une guerre d'hommes esseulés ou entourés de quelques camarades. Ces poignées de soldats devaient prendre des initiatives imposées par l'attitude de l'ennemi : défendre, attaquer ou se replier. Il y eut quelques cas de « défaillances » commises par des groupes assez nombreux[1]. D'autre part, les immenses sacrifices consentis par les soldats expliquent les quelques mutineries qui se produisirent dans tel ou tel régiment constituant le prodrome de 1917.

Par exemple le 11 mars, cinq soldats de la 29e DI désertent collectivement, sept jours plus tard, seize autres abandonnent leur unité au moment où elle remontait en ligne. Il est bon de noter que le commandement ne traduisit pas ces hommes en conseil de guerre, car le général de Salins (commandant cette division) expliqua ces fléchissements par l'épuisement des troupes. Le quatorze mai, une cinquantaine d'hommes du 140e RI (Grenoble) refusent de remonter au front, le conseil de guerre n'infligera que des peines légères, de deux mois à deux ans de prison. Ces punitions seront immédiatement suspendues et les condamnés reprendront leur place au combat [2].

1. Voir le chapitre sur l'histoire du Bois de Malancourt.
2. Le régiment avait en effet connu de terribles épreuves entre le 10 et le 21 mars, il avait perdu près de 900 de ses hommes.

Le 27 mai, la 21e DI quitte Mourmelon en direction de Verdun, des coups de feu sont tirés en cours de route et neuf soldats désertent. Le soldat et le caporal qui avaient tiré seront fusillés, c'est un des rares cas d'exécution sans jugement. Plus tard, la même division verra quatre de ses soldats abandonner leur poste devant Thiaucourt, ils seront condamnés à cinq ans de travaux publics par le conseil de guerre [1]. Ainsi aujourd'hui, on peut avancer que la crise des mutineries de 1917 est apparue dès la bataille de Verdun.

Enfin le 14 juin, vingt-huit soldats du 3e zouave et des 3e tirailleurs désertent lors de leur montée au front. Curieusement, le rapport des responsables sur ces incidents mentionne : « La perception pour ces troupes indigènes de quartiers de mouton pour la fin du ramadan a redonné de l'espoir à ces hommes[2] ».

Ces actes de désobéissance ne représentaient pas une véritable rébellion, en fait dans ces circonstances, les hommes voulaient sauver leur peau et oublier la misère du front. Romain Roland l'a bien exprimé dans son livre par cette phrase : « Un héros c'est celui qui fait ce qu'il peut, les autres ne le font pas ».

Sans oublier que la gloire de Verdun a eu ses martyres. Dans la nuit du 9 au 10 juin à l'est de l'ouvrage de Thiaumont sous la ruée teutonne, des éléments du 347e RI (unité de valeur exemplaire) se replient. Deux lieutenants de ce régiment, aux brillants états de service, voyant leurs hommes encerclés près des abris 320, ont donné l'ordre de repli pour ne pas tomber aux mains de l'ennemi. Les lieutenants Herdoin et Milan ont pu ainsi sauver trente-cinq survivants.

Le commandement supérieur n'en jugepas ainsi. Pour lui tout replisans ordre estcriminel. Suivant les ordres de Nivelle, il ne peut y avoir dans l'armée de Verdun que des troupes décidées au dernier sacrifice. Déférés sur-le-champ devant le conseil de guerre, les lieutenants furent condamnés et passés par les armes. Comble d'horreur, le peloton d'exécution fut choisi parmi les hommes de leurs sections. Tous les témoignages s'accordent à reconnaître que les deux officiers étaient connus pour leur bravoure, ils furent de véritables victimes.

Les actes de courage en revanche furent surtout individuels, et compte tenu des combats, ils restèrent la plupart du temps ignorés. Le meilleur exemple est représenté par les soldats du Bois des Caures, dès le 21 février 1916, qui sortirent de leur trou pour faire le coup de feu sur un ennemi croyant le terrain libre de tout défenseur.

1. Sur cette question, il est utile de consulter « le moral de l'armée française en 1916 ». Actes du colloque de Verdun, 1975.
2. Source SHAT à Vincennes.

De l'assourdissement du bombardement, le soldat de Verdun ne sortait que pour sauter sur son arme et tirer sur les soldats allemands.

Tout accablait le fantassin, l'accumulation des gaz dans les replis du terrain, la présence des cadavres, les attaques soudaines, l'utilisation des lance-flammes, cela explique la renommée de Verdun : les Allemands « ne passeront pas », la devise des combattants de Verdun est connue et reconnue. Les poilus qui luttaient contre les hordes *feldgrau* n'avaient pas besoin d'ordres. Ils défendaient leur terre et leur peau. Ils ne voulaient pas mourir « enfumés » et pourtant ils n'étaient plus dans des tranchées mais dans de simples trous d'obus. Par contre, pour les soldats, la camaraderie de groupe est essentielle. Leurs correspondances révèlent cette sociabilité qui rassemble toujours les mêmes copains lorsque leurs affectations le permettent. Dans la bataille, la dynamique du groupe[1] joua un rôle décisif : on boit, on mange, on souffre, on se soutient ensemble. La mort d'un membre du groupe est un véritable drame. Une certaine fidélité au disparu se retrouve généralement parmi les poilus. Ce sentiment de fidélité au mort sera d'ailleurs mis en valeur après la guerre.

Les anciens de Verdun ont constitué une espèce de franc-maçonnerie de la douleur, de l'orgueil et de la camaraderie. D'ailleurs, le général Pétain répondait dans les années trente, lorsqu'on le qualifiait de « Sauveur de Verdun » : « Il n'y a qu'un sauveur de Verdun, c'est le poilu français ».

Je ne voudrais pas clore ce chapitre sans citer quelques personnages ayant combattu à Verdun. Parmi ceux-ci côté français : le général de Gaulle, l'amiral Darlan[2], les généraux Salan, Zeller et le futur maréchal De Lattre De Tassigny[3], Guynemer, Nungesser, etc.

Un certain nombre d'acteurs célèbres allemands de la Deuxième Guerre mondiale ont servi à Verdun : Göring, successeur du légendaire von Richthofen plus connu sous le surnom de « baron rouge », Röhm défiguré à Verdun qui sera assassiné lors de la « Nuit des longs couteaux », son adjoint Hess. Guderian et von Manstein futurs experts du Blitzkrieg, von Paulus combattra à Stalingrad, bataille qu'il baptisera « le Verdun sur la Volga ». Von Stülpnagel, futur gouverneur de Paris en 1942, von Kluge, un des meilleurs généraux de Hitler et son adjoint le général Keitel, von Brauchitsch, commandant en chef de la Wehrmacht.

1. Dynamique que l'on retrouvera après l'armistice dans les innombrables associations d'anciens combattants de la Grande Guerre.
2. Darlan servait comme lieutenant dans une batterie d'artillerie navale à Verdun.
3. Pour la petite histoire, c'est le maréchal De Lattre de Tassigny qui arrêtera l'ancien Kronprinz en 1945.

LA VIE QUOTIDIENNE AU FRONT

« Celui qui n'a pas fait Verdun n'a pas fait la guerre »
Jacques Arnoux[1].

Dans la campagne lorraine dévastée, la boue, le froid, la vermine, mais aussi les obus et les gaz marquent la vie du soldat. Quelle était donc la vie quotidienne au front que les anciens ont révélé par ces simples mots : l'héroïsme au quotidien ?

Presque tous les régiments ont combattu à Verdun. La première étape de cette véritable montée au Golgotha, c'est la relève. La montée au calvaire en effet, commence par un contact avec la bataille presque rassurant. Les soldats débarqués à Nixéville, ou au lieu dit Moulin Brûlé, au sortir de la « Voie Sacrée », gagnent la ville à pied. Verdun est pratiquement évacuée de ses civils, les incendies causent davantage de dégâts que les obus et les bombes qui les ont allumés. « La ville brûlait. Elle ne brûlait pas tout entière dans un seul souffle. Dix, vingt, trente brasiers différents produisaient leurs flammes... Les hommes tout en commençant à se laisser dégouliner le long de la descente, tout en résistant au poids du sac qui leur tirait les épaules en arrière, regardait brûler Verdun... » [2]

Dans cette ville fantôme, les troupes s'entassent où elles peuvent : dans les caves, les vastes casernes, les bâtiments publics abandonnés. Le gros des cadres et des services militaires est concentré dans les sept kilomètres

1. Lieutenant, ancien combattant du 62e RI.
2. Jules Romain, *Verdun* (1935).

de galeries souterraines de la citadelle. À l'intérieur de cet abri, on trouvait également une boulangerie, les bureaux des états-majors et une chapelle. Cette dernière, baptisée Notre-Dame des Casemates, recueillait tous les objets cultuels des églises mutilées avoisinantes. Une salle à manger « officielle » permettait de recevoir, même au plus fort de la bataille, les généraux et autres visiteurs illustres ainsi que quelques curieux avec accréditation. Tout de suite, il est important de souligner que la plus grande majorité des poilus de Verdun n'ont jamais séjourné dans les souterrains protecteurs de la citadelle.

Après une brève halte, mise à profit pour dormir, compléter les musettes, écrire une dernière carte postale, à la tombée de la nuit les soldats s'acheminent vers les lieux de souffrance. Les hommes ploient sous un « barda » qui peut avoisiner les 30 kilogrammes. La relève, selon le terme militaire consacré, commence. C'est toujours un moment difficile et donc traumatisant par la crainte du bombardement, dit barrage d'artillerie, qui fauche de ses éclats ces files d'hommes et parfois d'animaux de trait, trop lourdement chargés. L'encombrement des « boyaux » [1] d'accès, la boue qui rend la progression difficile, la crainte de se perdre ou de perdre son unité, font de la montée en secteur une performance physique et une épreuve morale.

«... Allongé sur les pentes boueuses dans la nuit, la compagnie semble un monstrueux reptile. On descend dans le boyau, le boyau sournois, vaseux, avec une pelle ou une pioche, deux litres de vin ou de café, 200 cartouches, 6 grenades, sans oublier le fusil, la baïonnette, le masque à gaz, si bien que sous les charges qui nous écrasent nous entrons dans la vase parfois jusqu'à mi-cuisses... » [2]

L'artillerie ennemie a connaissance par l'observation de ces cheminements de passage. De nuit, supposant un transfert de troupes, les artilleurs *feldgrau* lancent des fusées éclairantes. Aussitôt, dans le cas de mouvement, l'artillerie allemande va harceler l'itinéraire. Le tir de barrage, — les poilus parlaient de marmitage —, cherche dans la nuit des hommes à massacrer.

Pour les survivants de ce bombardement c'est la découverte du champ de bataille de Verdun. Relativement étroit, il est localisé, après les premiers jours de l'offensive en un quadrilatère de quelques kilomètres carrés[3].

1. Ces boyaux ou tranchées peu profondes permettaient aux combattants d'accéder aux premières lignes. L'écrivain Duhourcau les avait baptisés les canaux de l'enfer.
2. D. Mornet, *Tranchées de Verdun* (1938).
3. Secteurs de Douaumont, Vaux, Souville, Fleury pour la rive droite, et ceux du Mort-Homme, Côte 304, Avocourt pour la rive gauche. À Verdun, ces deux rives resteront dans la mémoire collective, en fait c'est la rivière Meuse qui sépare les deux grands secteurs de la bataille.

Les caractéristiques propres au champ de bataille de Verdun multiplient les difficultés pour les combattants et ainsi en font un lieu de lutte à part: absence de lignes organisées, géographie réduite et en saillant, points élevés rapidement occupés par l'armée allemande. Les premières positions enlevées par l'ennemi, les forts désarmés et celui de Douaumont pris dès le 25 février, imposèrent le combat en rase campagne. Dans ce terrain, les seuls abris précaires dont disposaient les soldats étaient représentés par de simples trous d'obus[1].

Sitôt arrivés sur la position à tenir, sans cesse bouleversée par les obus de l'artillerie ennemie, les combattants devaient, en premier lieu, aménager le secteur. « Ayant posé notre fardeau, enlevé les lourdes musettes, il fallait se mettre à genoux et l'outil en main, creuser des guitounes[2]. Chacun de nous devait avoir avant le jour, son trou pour s'y mettre à l'abri, sinon des coups du moins des regards des boches… » Gaudy dans son livre, *Deux gouffres de feu, Verdun et le Chemin des Dames* (1966). Le soldat J. Picot parle ainsi du terrain: « on ne pouvait pas s'aménager un trou sans déterrer un crâne, une jambe, un corps, on se croyait dans un cimetière ».[3] Tous les témoins survivants étaient formels, d'une manière générale lorsque le soldat français occupait une position ennemie, il était surpris du confort relatif qu'il y trouvait.

Dans l'environnement sinistre du champ de bataille, l'épreuve est permanente, à Verdun pas de répit possible. Lorsque enfin le bombardement cesse ce sont les vagues déferlantes de soldats *feldgrau* qui viennent nettoyer les points de résistance. Les assauts sont le plus souvent confus mais acharnés. Il faut « tenir », le soldat ne peut céder un pouce de terrain, et si par malheur une position est perdue, elle doit être reprise au plus vite. Des deux côtés une contre-attaque ripostait à une attaque réussie: des milliers de morts, de disparus pour le gain de quelques mètres de terrain et souvent pour les conserver.

Pour le poilu de Verdun combattre c'est d'abord résister à l'assaut de l'ennemi. Mais combattre c'est aussi donner l'assaut, sortir de l'abri tout

1. Une croyance de l'époque non vérifiée proclamait que jamais deux obus tombaient au même endroit. De nombreux poilus perdirent la vie en respectant cette croyance mais avaient-ils le choix !

2. La guitoune ou la cagna, le gourbi étaient un simple trou plus ou moins couvert de rondins de bois, de tôles ondulées ou de sacs de terre, dans lequel le poilu se mettait à l'abri des projectiles. Cet abri trop souvent sujet à l'effondrement causa l'ensevelissement de soldats vivants. À noter que guitoune en arabe signifie tente, que cagna (ou canha) est un mot annamite importé du Tonkin par les troupes coloniales et enfin que gourbi est un terme algérien désignant une sorte de hutte en terre. Enfin les abris d'officiers surnommés les « villas » étaient beaucoup plus protégés et confortables.

3. Témoignage inédit. Verdun, 1984.

relatif du boyau ou du trou d'obus et se dresser sur le terrain, visible et vulnérable.

« Le moment approche, 4 heures, le signal vient d'être donné. Les coups de fusils commencent à claquer et bientôt un barrage serré tombe sur nos unités. Nous allons partir à la mort car l'attaque va être dure, les boches sont bien retranchés avec des mitrailleuses » [1].

Souvent les combats se terminent par de violents corps à corps. Les combattants du Mort-Homme ont ainsi dû combattre au cours d'un assaut à l'aide des pelles-bêches !

Que dire des conditions dans lesquelles les hommes pouvaient s'abandonner au sommeil lorsqu'ils n'étaient pas sollicités par les veilles, les patrouilles ou les corvées ? Couchés dans de véritables niches à chien, les combattants cherchaient un repos réparateur. Le plus souvent épuisé, le soldat arrivait à s'endormir à quelques mètres d'un cadavre sans se préoccuper des rats qui couraient à proximité.

Une des principales préoccupations des combattants au front était représentée par la soupe qui regroupait le pain, le vin (pinard) et la gnôle[2]. Plus abondante et généralement meilleure que celle dont disposaient les soldats allemands, la nourriture reste rudimentaire. En effet, la soupe accompagnée de boules de pain offrait une consistance peu appétissante. Il est vrai que les combattants se contentaient de peu, comme le décrit Pierre Mac Orlan : « l'éden des cuisines roulantes nous ouvre ses portes avec toutes ses douceurs inappréciables » [3]. Le pinard est l'unique plaisir qui reste aux soldats. La gnôle permet de mieux résister au froid et a joué un rôle lors des attaques. À ce sujet, si l'histoire a retenu que l'eau de vie[4] dopait le combattant pour l'attaque, elle a occulté un autre excitant. En effet, chaque soldat disposait de 20 grammes de tabac par jour, fourni par l'intendance, ce qui équivalait à un paquet de cigarettes. Avant un assaut, la perception réglementaire passait à 35 grammes par homme.

Le problème du ravitaillement résidait dans le fait que les hommes chargés d'aller chercher cette fameuse soupe devaient se rendre auprès des cuisines roulantes[5]. Même si celles-ci se rapprochaient au plus près des

1. Témoignage anonyme. Lettre du 6 mars 1916. Collection particulière.

2. L'homme, tout comme le sac, ne tient debout que lorsqu'il est plein. A. Bridoux dans *Souvenir du temps des morts.* (1931)

3. Pierre Mac Orlan, *Les poissons morts.* (1917)

4. L'eau-de-vie prenait différents noms suivant les régions : blanche, cric, casse-pattes, schnick, schnaps. Ce dernier terme est issu de l'allemand désignant ce même alcool.

5. Cuisines roulantes qui resteront dans le langage militaire sous le terme de « roulantes » et en argot poilu sous celui de « sous-marin ». Il est vrai qu'avec sa cheminée et ses couvercles vissés, la cuisine roulante offre quelques ressemblances avec un sous-marin.

premières lignes, il n'empêche que le parcours était long et dangereux. Les hommes-soupe tentaient de ravitailler les copains en traversant les barrages et les diverses embûches du terrain. Ces hommes volontaires, désignés ou punis, alourdis, se déplaçant avec difficulté n'arrivaient pas toujours, soit auprès des cuisines soit auprès des camarades affamés. Les témoins ont décrit les boyaux jalonnés d'hommes-soupe tués parmi les bouteillons[1] livrant leurs différents vivres répandus. L'exemple décrit par J. Péricard est significatif: au Mort-Homme une section isolée reste 3 jours sans ravitaillement, car trois soirs de suite les hommes de corvée ne sont pas revenus. Les soldats se résignent alors à manger ce qu'ils peuvent récupérer sur les cadavres environnants dont beaucoup étaient en état de décomposition. Il faut préciser que leurs vivres de réserve étaient épuisés[2].

Enfin les hommes-soupe apportaient aux camarades le courrier, les colis, et les nouvelles souvent fausses colportées par les cuisiniers, nouvelles baptisées par les combattants les « tuyaux des cuisines ».

Plus que la faim, la soif a été un véritable supplice au cours de la bataille de Verdun. La soif détruisait l'énergie et la vitalité du combattant et rendait fou le blessé. Pour un peu d'eau les poilus risquaient la mort pour aller puiser le breuvage salvateur dans une source naturelle. Rappelons que l'intendance, qu'elle soit française ou allemande, ne fournissait pas d'eau de boisson. Le plus souvent des volontaires tentaient de remplir quelques bidons dans un trou d'obus rempli d'une eau corrompue, fangeuse, où baignaient souvent des cadavres.

Le soldat P. Auriol racontait: « Nous étions près du Ravin de la mort avec une soif atroce, la gorge sèche comme du papier buvard. Nous cherchions de l'eau sans en trouver la moindre goutte. Un trou d'obus rempli d'eau nous permit de nous désaltérer, les Allemands aussi d'ailleurs. L'eau était de couleur verte et sentait le cadavre, mais c'était si bon de boire » [3].

On peut noter d'ailleurs que le supplice de la soif était identique du côté allemand. Un instituteur allemand survivant de Verdun a décrit cette douleur: « la faim fait mal, mais la soif est horrible. Mes braves soldats

1. Bouteillon, déformation du nom de l'intendant militaire Marcel Bouthéion, inventeur de cet ustensile de transport, ressemblant à une sorte de haricot.

2. Jacques Péricard est un des fondateurs de l'association « Ceux de Verdun ». Il fut l'auteur du livre *Verdun*, véritable bible consacrée à la bataille, ouvrage qui sera détruit par les Allemands en 1940. Jacques Péricard est surtout connu pour avoir prononcé le 7 avril 1915, dans une tranchée assiégée par l'ennemi, au lieu dit le Bois Brûlé, une phrase célèbre: « Allons, debout, il faut mettre ces c… là dehors ! Debout les morts ». Seuls ces derniers mots sont restés à la postérité.

3. Collection particulière. Petit carnet de souvenirs hélas fragmentaires.

lapent l'eau boueuse teintée de sang trouvée dans un trou d'obus. L'eau de la dernière pluie s'était amassée là parmi des cadavres déchiquetés » [1].

À Verdun, la recherche de l'eau sera à l'origine d'actes, que l'histoire a retenue sous le terme de « cas de fraternisation » entre les combattants des deux nations.

Enfin au fort de Vaux, on le sait, c'est la soif qui fut la cause de la reddition de la garnison.

Si l'eau manquait pour abreuver le poilu, elle noyait le terrain et le transformait en véritable cloaque. La boue fut le fléau que vécurent tous les combattants de la Grande Guerre. Déjà en 1915, Maurice Genevoix évoquait ces coulées de terre diluées par l'eau de pluie dans un tome de son ouvrage resté célèbre intitulé *la Boue*[2].

À Verdun, le sol argileux se transformait rapidement sous les intempéries et le dégel en marécage. Certains vastes entonnoirs remplis d'une boue liquide engloutissaient littéralement le soldat tombé dedans. La glaise, puissante comme des tenailles de charron, l'étreignait. Sans pouvoir effectuer un seul mouvement pour se sauver le pauvre homme était aspiré vers le fond et d'ailleurs plus il bougeait plus il s'enfonçait. Quelquefois une trêve dans le combat permettait aux camarades (ou a un ennemi) de sortir l'infortuné de cette boue avaleuse. Souvent hélas, un bombardement, une attaque ne permettait pas aux secours d'arriver suffisamment à temps, et la mort inexorable œuvrait.

La mort présente partout, le voisinage quasi quotidien avec le carnage, la souffrance, la vermine, le paysage de cauchemar ou les obus déterrent les morts, enterrent les vivants, ont conduit les combattants à une certaine insensibilité. Peut-être faut-il parler d'accoutumance comme le corps humain peut s'accoutumer si bien à la douleur physique même la plus intense. Insensibilité ou accoutumance dictée par la nécessité de combattre et de conserver la vie.

Marcher sur des cadavres était fréquent, mais sur des vivants ! P. Amont, cité dans le livre de J. Péricard, avoue : « Des blessés se plaignent atrocement. L'un d'eux est resté sur notre chemin entre deux entonnoirs. On ne peut passer ailleurs et il faut dire que nous ne pouvons l'enjamber, sous nos pieds le blessé geint faiblement ».

Sur d'autres points du front, les secteurs même au plus fort de la bataille, offraient des lieux de répit : au Chemin des Dames ou en Champagne,

1.Témoignage paru dans le journal *l'Est Républicain* de juin 1966 à l'occasion du pèlerinage national à Verdun lors du 50e anniversaire de la bataille.

2. Ouvrage faisant partie d'une collection intitulée *Ceux de 14*. Au sujet de la boue, les soldats parlaient de « mouise », c'est-à-dire boue en argot poilu. Ce terme de mouise est issu de l'allemand Mus, bouillie, soupe.

abris profonds étayés, tranchées aux parois clayonnées, sapes renforcées par des tôles ondulées. Certes, cela n'excluait ni la vermine ni les rats, ni l'humidité. Mais l'abri, si précaire et inconfortable soit-il, rassurait un instant le combattant. À Verdun, les rares lieux d'isolement n'offraient pas et ne révélaient qu'une indicible misère.

Les conditions de vie et d'hygiène sont catastrophiques. Les poilus ne se déshabillent pas et ne se déchaussent qu'à l'occasion des périodes de repos dans un des villages de l'arrière. Les hommes doivent compter avec la vermine environnante. Les détritus de nourriture expliquent le pullulement des mouches et des rats qui souvent se nourrissent de la chair des cadavres couchés à jamais sur la terre meusienne.

Les rongeurs étaient si nombreux que les soldats devaient isoler les victuailles pour éviter qu'ils ne dévorent tout. Effrontés et voraces, ils s'attaquaient à tout dans les abris et empêchaient les combattants de se reposer. « Nous avons pour voisins des rats. Ils sont gros comme des lapins et on les compte par douzaines. Ils dévorent tout, ils rentrent dans nos musettes, mangent notre pain, notre fromage, le chocolat et même le savon. La nuit, ils courent sur notre corps et c'est une horreur de les entendre ronger les cadavres… ».[1] En 1916, le commandement entrepris d'organiser la chasse systématique de ces rats en offrant un sous par queue-de-rat capturé. Devant le nombre de trophées, le commandement français cessa très rapidement de verser la récompense.

Les mouches et les poux constituaient l'autre calamité pour les soldats du front. Les mouches, dès les beaux jours, s'abattaient sur les morts : « Je trouve mon caporal tué, des grosses mouches bleues lui sortent de la bouche, une demi-heure avant il était vivant à mes cotés… » [2]. Les observateurs ont pu noter que les gaz pourtant si mortels pour les humains n'avaient aucune action tueuse sur les myriades de ces diptères. En effet elles fuyaient l'atmosphère délétère pour se réfugier dans les abris, les forts ou les tunnels. La prolifération des mouches s'expliquait par la présence sur le terrain de cadavres d'hommes et d'animaux, des détritus et immondices. « On se soulageait où l'on se trouvait et comme disait mon lieutenant, sortir pour pisser mérite une citation ».[3] À ce sujet, à l'odeur pestilentielle qui empêchait les soldats de manger, il faut ajouter l'absence de pudeur pour les besoins naturels, car sortir du trou d'obus, c'était perdre la vie.

Les poux seront un véritable fléau conduisant les victimes à une misère psychologique. Un témoin anonyme précise à la petite Jeannette sa promise,

1. Témoignage de J. Picot (juillet 1984).
2. Témoignage de Antonin G… dans *Verdun* de J. Péricard.
3. Citation de J. Picot (juillet 1984).

dans une lettre : « L'autre jour, j'ai atterri dans un abri inoccupé rempli de poux. Je n'en avais jamais autant vu, avec Lucien, tu sais celui de Baladot (nom de la ferme semble-t-il), nous nous grattions jusqu'au sang, sans arrêt… » [1]

La menace de mort étreignant le combattant est permanente. La fin de vie peut survenir par l'obus, la grenade, la mine, la balle, les gaz ou le lance-flammes brûlant pêle-mêle les vivants et les morts dans une épouvantable odeur de chair grillée.

Dans la détresse du combat, les nerfs de quelques poilus cédaient et ils étaient atteints de folie ou tout au moins d'exaltation. L'extrême fatigue, le manque prolongé de sommeil, la continuelle tension nerveuse, la vie sur un terrain hostile, plongeaient le poilu dans une apathie. Les témoins ont décrit l'attitude bizarre de certains hommes.

Tel F. V… « Tout à coup notre copain se mit à courir sur le terrain à la tombée du jour, entièrement nu et appelant sans cesse sa mère. Il venait de perdre la raison et, plus tard, on a su qu'il avait été fait prisonnier par les boches… » [2] G. Gaudy cite ce cas : « Un de mes copains sans arme, sans casque ne bougeait plus. Je lui demande que fais-tu là ? Il me demande alors des nouvelles de sa femme et de ses enfants ! Ce pauvre type avait perdu la raison car il était célibataire… » [3] Enfin sur ce même sujet, ce témoignage : « Un malheureux au fond d'un trou d'obus trempe son linge dans une flaque d'eau. Devenu fou, il faisait sa lessive et nous dit d'aller la lui étendre car il pleuvait ! Il pleuvait effectivement, mais c'était une pluie d'éclats d'obus… » [4]

La mort était un sort bien doux, selon l'expression des anciens de Verdun, par rapport aux conditions des blessés. En effet, concernant ces derniers, il est utile de préciser que la plupart d'entre eux ne pouvaient être secourus en temps utile. Aussi des plaintes déchirantes s'élevaient des champs de bataille. Il était impossible de porter secours à ces malheureux sans doubler le risque de mort. Sur la terre meusienne, un blessé avait la vie sauve lorsqu'il avait de la chance ou une exceptionnelle volonté de survivre. Par contre la majorité des hommes atteints par la mitraille ne survivaient pas, par suite de la gangrène gazeuse ou de l'épuisement. Ces pauvres hommes se traînaient de trou en trou, cherchant un hypothétique poste de secours. L'étroitesse du champ de bataille, les barrages

1. Collection particulière.
2. Témoignage cité dans le livre *Verdun*, opus cité.
3. Gaudy in *Verdun et le Chemin des Dames* (1966).
4. J. Picot, déjà cité.

déclenchés sur tout mouvement par des Allemands maîtres de tous les sommets de collines, rendaient les évacuations de blessés aléatoires. De plus, les brancardiers, gênés par les encombrements du terrain, des boyaux d'accès ne pouvaient se déplacer que de nuit. Les blessés agonisants non récupérables vont ainsi être ensevelis dans cette terre de Verdun qui deviendra, au fil des jours, une nécropole d'anonymes. C'est ce qui explique en partie, le nombre important de disparus, c'est-à-dire des morts non identifiés, par rapport à celui des morts certains.

À Verdun, il n'y eut pratiquement jamais de « fines blessures », c'est-à-dire celles qui permettaient au soldat d'être rapatrié et soigné loin des combats. Seuls les soldats ayant contracté une « blessure par gaz » selon le terme consacré, rendus aveugles par les vapeurs nocives, pouvaient rejoindre, accompagnés par un camarade, le poste de secours. Ces postes, véritables mouroirs, voyaient se réfugier les estropiés, les blessés, qui avaient eu la force intérieure, la résistance pour se traîner vers ces lieux aux noms désormais célèbres : tunnel de Tavannes, abri des 4 cheminées, etc.

Ainsi de 50 à 60 % des soldats composant les unités engagées dans la bataille ont disparu, tués, blessés ou ensevelis. Certains sortaient des gravats accumulés par l'obus et la mitraille, parmi les cris déchirants et les râles. Terrassés par la fatigue, sans nourriture et souvent sans munitions, leur fusil tordu ou rempli de terre, ces survivants hors d'état de résister, partaient en captivité en Allemagne[1].

Cette description sommaire, je l'avoue, de la vie durant la bataille de Verdun peut utilement se compléter par les récits des témoins, dont certains n'hésitaient pas à paraphraser Corneille dans *le Cid* : « Nous partîmes 500, nous revînmes 50 ».

Lorsque la fortune du combat n'était pas contraire, au bout de ces épreuves surhumaines, venait pour les survivants l'heure de la relève. Cette relève était attendue avec l'impatience que l'on peut deviner. Elle signifiait en effet le retour momentané au calme, loin des obus et des nappes de gaz.

Les soldats, en descendant des premières lignes, s'évadaient provisoirement de l'enfer. Le répit, suivant le terme consacré, se présentait sous trois aspects : un séjour en deuxième ligne, le repos à l'arrière et la permission.

1. La vie des prisonniers dans les camps a été développée dans *Les barbelés des bannis,* chez le même éditeur.

En deuxième ligne, ce n'est plus l'enfer, c'est le purgatoire. Ce repos consistait à vivre dans une tranchée plus ou moins aménagée, mais qui n'est pas à l'abri du bombardement. La journée était occupée par d'innombrables corvées, car le lieu de vie est sale et inconfortable. De plus certaines corvées pouvaient renvoyer le poilu vers l'avant : transport de matériel, de munitions ou d'armes.

Quelquefois le répit se passait au cantonnement dans un village plus ou moins détruit à quelques lieues du front. Là, le soldat pouvait côtoyer des civils et souvent, hélas, des mercantis[1] aux prix plus que prohibitifs. Souvent il pouvait rencontrer des femmes, mais comme me l'a dit un ancien, « elles étaient pour les planqués ». Peu importait, le poilu était sorti provisoirement de l'enfer. Enfin quelques chanceux étaient conduits dans la ville de Verdun où ils trouvaient une sécurité provisoire, une couchette et un repas auprès des roulantes. Il ne fallait toutefois pas oublier les obus qui tombaient sur la ville, la gare ou la citadelle.

Les auteurs de récits ont narré le spectacle de ces combattants qui redescendaient du front. « De voir ces statues de boue, ces squelettes de compagnie marchant ou plutôt avançant à petits pas, ployés sur eux-mêmes, zigzaguant comme pris de boisson, une colère saisit les plus calmes : voilà donc ce que l'on peut faire avec des hommes » G. Gaudy cite ce témoignage d'un civil voyant défiler des soldats venant du front : c'est plus une armée, c'est des cadavres.

Le repos à l'arrière est de plus longue durée. Le soldat se trouve alors loin des premières lignes donc à l'abri des obus. Ce grand repos, selon le terme employé à l'époque, était attribué aux poilus après deux tours d'une semaine en premières lignes séparés par une semaine en deuxième ligne. Le confort et l'hygiène dans ces lieux restent l'exception. Les distractions permettent de reprendre un bon moral : cafés, coopératives militaires et camions bazar, où le soldat pouvait acquérir du pinard, du tabac, des journaux, des denrées et petits ustensiles. Le repos est très relatif, le soldat est occupé par des revues, des inspections, des prises d'armes et des séances d'instruction. Sans oublier quelquefois la participation effective à des mises à mort de combattants punis de la peine capitale, trop souvent hélas, sans jugement impartial. Le but de ces obligations était pour l'état-major, non pas d'améliorer les capacités du soldat mais bien d'assurer une certaine « reprise en main ».

1. Mercanti, civil autochtone négociant des denrées, du vin et de l'alcool notoirement trop chers. L'argot poilu définit le mercanti comme un marchand du front qui exploitait honteusement le soldat.

La véritable détente pour le combattant c'était la permission (la perme). La durée moyenne de celle-ci est de six jours tous les quatre mois, enfin en principe. Combien de poilus, permission en poche, sont maintenus au front suite à une attaque allemande ou une contre-attaque française. Quel que soit le motif invoqué par les officiers, on peut imaginer l'effet de cette mesure sur le moral des hommes.

Il est bien difficile de décrire la joie profonde, mais sans exubérance, du poilu retrouvant les siens. Pour le soldat sans famille (cas des originaires des régions envahies), ou lorsque son foyer est trop éloigné, c'est l'occasion de connaître la « marraine » qui se transformait parfois en « petite amie ». Quelquefois la permission révélait un drame, celui de l'épouse volage ou du foyer abandonné. Dans les grandes villes, la vie faite de jouissance, de relâchement des mœurs, irritait au plus haut point le permissionnaire. Alors, comment s'étonner lorsque les anciens combattants avouaient qu'ils éprouvaient un certain plaisir à remonter en lignes et retrouver la camaraderie du front ? Le répit c'était aussi la blessure. Il s'agissait là d'une autre façon de s'évader de l'enfer pour le soldat quoique la lésion marquât souvent irrémédiablement le corps et la chair.

Le combattant de Verdun était revêtu d'une aura, d'un prestige dont il était fier, mais également d'un dégoût, car il avait touché le fond de la misère humaine. Misère matérielle et morale engendrée par la vie quotidienne durant la Grande Guerre, qui étaient sans doute plus pénibles à supporter que la peur et le danger, peur finalement surmontée dans les courtes périodes de « coups durs ».

Verdun au contraire, par sa durée et son caractère exceptionnellement meurtrier apporta aux combattants des conditions de vie infernales, bien différentes du malheur quotidien subi au long des premières années de guerre. Les soldats, la plupart du temps livrés à eux-mêmes, sans chefs, savent qu'il ne leur reste qu'une solution : « Tenir » [1].

Il fallait, pour le poilu de Verdun, combattre jour et nuit, couvert de boue, au fond d'un trou, écrasé de chaleur ou transi de froid, le plus souvent sans vivres, sans eau, respirant des odeurs immondes. À propos de l'odeur du champ de bataille, spécifique à la bataille de Verdun, il est utile de relater un témoignage. Celui d'un ancien combattant qui, à la fin de ma présentation du Ravin de la Mort à Verdun, m'a apostrophé. Après les félicitations d'usage, il me fit remarquer que j'avais pu expliciter la vie sur le champ de bataille, mais que jamais je ne pourrais décrire les odeurs dans lesquelles vivaient et survivaient ses camarades…

1. Dans le compte rendu des événements établis par l'état-major, on peut lire : la consigne était de tenir jusqu'au bout, elle a été observée… (source SHAT de

Toutes ces conditions de vie sur le terrain firent dire à plus d'un ancien poilu, cette phrase terrible : « Il ne fallait pas plaindre ceux qui tombaient… c'étaient les plus heureux, ils avaient fini de souffrir ».

La terre de Verdun est ainsi devenu un gigantesque cimetière, les statistiques des morts et disparus sont dramatiques : Sur trois combattants morts, deux deviendront des inconnus. Anna de Noailles a décrit, par quelques vers, ce véritable ossuaire à ciel ouvert :

À force d'engloutir, la terre s'est faite homme,
Passant, sois de récits et de gestes économes,
Contemple, adore, prie et tais ce que tu sens…
Lorsque tu marches, fais-le doucement,
Peut-être marches-tu sur un héros… [1]

1. Ces vers peuvent être complétés par : Ne fais pas de bruit, laisse dormir dans la paix ces hommes qui ont tant souffert. Cette phrase a été annotée sur le livre d'or du Mémorial de Verdun en juin 1986.

L'AFFAIRE DU BOIS DES CAURES

« Ils savent qu'ils sauvent la France, mais qu'ils vont mourir… » [1]

À partir de février 1916, les intentions allemandes se précisent : les transports militaires vers Verdun s'intensifient, les permissions sont supprimées. Des prisonniers de guerre et quelques déserteurs donnent des éléments sur les troupes et matériels amassés au nord de Verdun. Un de ces hommes parle même d'une proclamation du Kronprinz annonçant que « lui et son père passeront une grande revue *Festparade* sur la place d'armes de Verdun ». Le texte comme, par hasard, ne figure pas dans le livre du Kronprinz[2] : « Mes amis, il nous faut prendre Verdun. Il faut qu'à la fin de février tout soit terminé. L'empereur alors viendra passer une Festparade sur la place d'armes de Verdun et la paix sera signée ». Tels sont les propos exacts tenus par le Kronprinz en personne aux troupes accumulées autour de Verdun dans les premiers jours de février.

L'attaque était attendue dans les deux camps à partir du 10 de ce même mois. Elle se fit espérer et il semble que le destin hésita à frapper les trois coups du grand drame. Enfin le 21 février [3] vers cinq heures du matin, un obus éclate près de la cathédrale. C'est cet obus qui, comme le titrait la *Gazette de Cologne*, annonçait le « signal des réjouissances[4] ».

1. Commentaires du contrôle postal sur le moral au front. (Musée postal à Paris).
2. *Souvenir de guerre et mémoires*, Berlin 1932.
3. Le 21 février était un lundi et le saint du jour, Pépin !
4. *Gazette de Cologne* du 23 février 1916. Collection particulière.

À sept heures quinze exactement, tout le front s'embrase et le bombardement s'accroît d'heure en heure avec une violence inouïe. La bataille de Verdun, la plus tragique des batailles commence.

Durant douze heures, le bombardement d'extermination, le *Trommelfeuer* (littéralement le feu en roulement de tambour), va déferler sur les lignes françaises. On a compté jusqu'à 3 000 obus à la minute soit, en quelques heures, plus de 2 millions d'engins tueurs. Car c'était à l'artillerie que le plan allemand avait confié le rôle décisif de l'assaut. Cette concentration de canons devait abattre, écraser, niveler bois, abris, tranchées, et les hommes enfin faire du front français un désert sur lequel les troupes d'assaut pourraient avancer l'arme à la bretelle. Le bombardement de Verdun demeurera dans le langage des combattants, non pour désigner une pluie d'obus, mais une averse.

Le *Kronprinz* qui assistait à cet effroyable feu d'artifice a écrit : « À voir ce bombardement effrayant, nul n'aurait pu penser que les tranchées françaises fussent encore tenues par un seul homme vivant ! » Car malgré ce déluge d'obus, des poilus français ont résisté, ont tenu. Ils ont, au Bois des Caures[1], ralenti l'avance des masses de soldats allemands, dans de simples trous avec à leur tête, un grand chef, le colonel Driant.

Donc les troupes du Kaiser se lancent dans le bois qui est défendu par les 56e et 59e bataillons de chasseurs à pied. Les soldats du premier bataillon sont originaires du Nord et ceux du deuxième, de Normandie, Picardie et Meuse.

Face à eux, sur un front de 1 800 mètres, quatre régiments hessois vont s'élancer. Le fer de lance de l'attaque allemande sera également constitué par des *Sturmtruppen*, troupes d'assaut, fondées par leur commandant, le *Hauptmann* Rohr, en 1915. En 1916, ces hommes sont bien organisés et structurés, dotés d'une arme nouvelle aux effets dévastateurs, le lance-flammes. Cette terrible arme individuelle était alors mise en œuvre par les pionniers du 3e bataillon de la garde. En fait les soldats de cette unité étaient des combattants d'élite, ancêtres des commandos actuels.

Au moment de l'attaque, le colonel Driant inspectait ses positions, car il s'attendait à l'assaut imminent de l'ennemi. C'est alors que se déclencha le terrible tir d'artillerie qui va durer des heures. Les chasseurs enterrés demeurent stoïques sous l'avalanche d'obus, mais les abris finissent par être éventrés, les armes détruites, les arbres hachés. Les témoins ont avoué : « Tout est retourné, remué, écrasé, enfoui, détruit et les pertes

1. Ce fameux bois se trouve sur la rive droite de la Meuse à environ 12 kilomètres de la ville de Verdun. Les caures en patois meusien, sont des noisetiers.

humaines sont très lourdes ». Pas un mètre carré de terrain qui n'échappe au feu massif et terriblement précis de l'artillerie allemande. Les canons français tentent de riposter, mais ne parviennent pas à museler ceux de l'ennemi.

À 16 heures seulement le bombardement infernal s'interrompt tandis que tombe la neige. Aussitôt, l'infanterie du général von Schend surgit des *Stollen*[1], commence un assaut méthodique. Certains soldats avaient même l'arme à la bretelle, persuadés qu'ils n'allaient trouver que destructions et carnage.

Mais surprise, malgré le déluge d'obus, il y a encore des défenseurs vivants qui, par groupe épars ou isolés, font le coup de feu ! Sonnés, blessés les chasseurs résistent avec acharnement, « Ils tiennent ». À tel point que les fantassins ennemis, surpris, connaissent un moment de flottement. En effet, quelle ne fut pas leur stupéfaction de voir, qu'après une telle préparation d'artillerie, « des Français puissent surgir des décombres et loqueteux, épuisés mais redoutables tout de même, défendre les ruines » [2]. Car certains vont trouver l'énergie de contre attaquer sur le terrain perdu. Mais, comme le précisera le colonel Driant : « il ne convient pas de chanter victoire », l'assaillant qui s'est engagé dans le bois n'a procédé qu'à une reconnaissance. Il s'agissait là d'une méthode de l'état-major allemand, afin de tâter le terrain avant un assaut général.

Et, en effet, les troupes allemandes attaquent sur deux flancs. Cette véritable tenaille va se refermer sur les deux héroïques bataillons, ne leur laissant aucun espoir. Les premières positions sont conquises après de furieux corps à corps. Les pertes sont lourdes des deux côtés. À la nuit le 56e contre-attaque et rétablit ses positions primitives. Le 22 février à l'aube, l'attaque allemande recommence et reprend les positions du groupement Driant en tenaille.

Le colonel Driant a animé toute la défense. Durant la furia allemande, il se résoudra à reculer vers le village de Beaumont. Il partagera la lutte avec la poignée de survivants en quatre groupes et prendra la tête de l'un d'eux, après avoir franchi le croisement de deux chemins par bonds successifs.

Puis, il allait sauter dans un trou d'obus lorsque ses soldats le virent tournoyer sur lui-même et s'affaisser. Il venait de recevoir une balle dans la tête. Des recherches récentes tendent à prouver que, malheureusement, la

1. *Stollen* ou abri souterrain. Dans ces lieux humides des milliers d'hommes attendaient le « jour J ». Afin de maintenir un esprit guerrier, le commandement allemand avait fait distribuer à ces hommes, de grandes quantités de viande et de café.

2. Phrase extraite du discours d'inauguration du monument du Bois des Caures, prononcée par le général Pétain.

balle qui frappa Driant ait été une balle de mitrailleuse française, placée sur l'ouvrage de la Wavrille protégeant les lisières sud du Bois des Caures.

Ainsi succomba le colonel. Quelques mois plus tard, le chasseur P. Coisne du 56e BCP, interné au camp de Kassel en Allemagne, et témoin des derniers instants du colonel, précisera que ses dernières paroles furent : « Oh, là, là, mon Dieu ».

Mais qui était ce colonel aux vertus héroïques ? car n'oublions pas que cet officier supérieur a combattu jusqu'au bout, au milieu de ces hommes ce qui était un fait rare et remarquable.

Émile Driant est né en 1855 à Neufchâtel-sur-Aisne près de Laon, et était le fils aîné d'un juge de paix. Il fut un excellent élève au lycée de Reims et bénéficiant d'une bourse, il entre à l'école militaire de Saint-Cyr en octobre 1875. Sorti en quatrième position sur 345 élèves, il est promu lieutenant en octobre 1877. Sa première affectation a été le 54e RI de Compiègne jusqu'en décembre 1905 où il est admis à la retraite, après avoir séjourné au 4e régiment de zouaves. En mai 1884, il sera l'ordonnance du général Boulanger, celui que l'on appelait le « général revanche », dont il épousera la fille cadette (Marcelle) en octobre 1888.

En 1906, il se présente aux élections législatives à Pontoise. Mais c'est seulement en 1910 qu'il fut élu député dans la troisième circonscription de Nancy sous l'étiquette de l'Action Libérale[1]. De sa carrière politique, il faut retenir de nombreuses propositions de loi sur la vie militaire, dont les plus connues furent celles concernant l'institution de la médaille de la valeur militaire et surtout celle instituant la croix de guerre.

Parallèlement, sous le pseudonyme de capitaine Danrit [2], il fut un écrivain original, un « Jules Verne militaire ». Ses anticipations sur la guerre moderne ont été remarquées dans la série d'ouvrages, près de trente en vingt-cinq années : La guerre de demain, La guerre de forteresse, La guerre des forts, La France affronte l'Allemagne, Vers un nouveau Sedan, etc.

Dans *La guerre en rase campagne* (écrit en 1900), il décrit la future bataille, comme le prouve cet extrait : « Comme c'est l'Allemagne qui attaque, l'état-major français ne sait pas où va se trouver l'angle d'attaque… Les Allemands masseront l'essentiel de leurs meilleures troupes sur un point précis où leur supériorité devrait leur donner l'avantage… Le corps d'armée qui se trouvera donc sur la trajectoire allemande sera

1. L'Action Libérale était issue du boulangisme, concrétisé par l'expression d'un patriotisme peut-être excessif, mais en prenant compte du mécontentement populaire vis-à-vis de la classe politique.
2. Il s'agissait d'une anagramme de Driant.

donc sacrifié… » À Verdun ce sera le corps d'armée du général Chrétien qui tiendra ce rôle durant les premiers jours de février 1916. Dans son deuxième livre, La guerre de forteresse, il décrit le rôle des forts, ce qui sera démontré, car ce sont ces forts qui allaient permettre à Verdun de « tenir ». Enfin, bien avant l'heure, il donnera un rôle opérationnel au sous-marin, à l'aviation, à la TSF. Le colonel Driant exercera également ses talents dans le milieu journalistique au journal *L'Éclair*.

Le 7 août 1914, il reprend du service et le 14 il prend le commandement du groupe des deux bataillons de chasseurs à pied, dont les soldats entreront avec lui dans la légende des combattants de Verdun.

Député de Nancy, il demande à ce titre, en novembre 1915, a être entendu par la commission de l'armée. C'est à cette occasion qu'il traça un sombre tableau de la situation dans la région fortifiée de Verdun. Joffre ayant appris l'origine de la semonce, que lui avait communiquée le ministre de la guerre, s'apprêtait à limoger Driant quand survint l'attaque allemande. Attaque au cours de laquelle son héroïsme et sa mort lui valurent d'être inscrit en tête des figures légendaires de Verdun. Il partagea la souffrance de « ses chasseurs », leur peine, leur misère. Souvent en premières lignes, ne ménageant pas sa personne, il était toujours soucieux des pertes qu'il souhaitait éviter par-dessus tout [1].

Il a tenu sa promesse, celle d'être toujours au milieu de ses hommes à l'heure du danger. Cette noble attitude au feu lui vaudra une reconnaissance allemande. Les soldats ennemis ont tenu, en effet, à honorer sur le terrain même des combats la dépouille du colonel. La mère du lieutenant allemand (baronne Schrotter) a envoyé un billet à l'épouse de Driant le 16 mars 1916 ainsi libellé : « Mon fils qui a combattu vis-à-vis de Monsieur votre mari, vous assure que monsieur Driant a été enterré avec tout le respect, tous les soins et qu'il lui a fait creuser et orné, par ses camarades ennemis (sic) un beau tombeau de façon à ce que vous le retrouviez aux jours de paix. Mon fils vous fait dire qu'on a trouvé chez monsieur Driant (sic) un médaillon de trois petits cœurs qu'il portait au cou… ». Sur l'une de ces pièces était gravé : « Souvenir de première communion de Marie-Thérèse — 14 juin 1902 » [2].

1. Par exemple, en se repliant vers le village de Beaumont, il s'arrête dans un trou afin de soigner un des combattants (le soldat Papin), blessé par balle. Les premiers soins donnés, il continue seul son repli, lorsqu'une balle…

2. Lettre retrouvée dans les années 1950, dans une bourse d'échanges spécialisée dans les vieux papiers de collection. Pour la petite histoire, madame Driant reçut non seulement la médaille aux trois cœurs mais aussi les autres objets découverts dans les poches de son défunt mari, ainsi qu'un plan détaillé établi par le fils de la baronne.

La sépulture due à l'initiative du lieutenant allemand subsista jusqu'au 9 août 1919. En effet, les chasseurs de Driant avaient émis le désir que la tombe de leur colonel puisse être vue et surtout qu'elle soit d'un accès plus facile pour les cérémonies anniversaires de sa mort. Le 22 octobre 1922 est alors inauguré le monument tel que l'on peut le voir aujourd'hui. Le corps du colonel a été exhumé en 1924 et placé au pied du monument. La stèle est entourée de quinze tombes de soldats des deux bataillons et depuis le colonel repose parmi ses chasseurs au sud de ce bois devenu légendaire [1].

Tenir, tel était le mot d'ordre du général Joffre. Au bois des Caures, le colonel et ses hommes ont illustré cette consigne par leur héroïsme, luttant à un contre dix adversaires. Sur 1200 combattants engagés dans la bataille, 96 seulement échappèrent au massacre. Huit divisions allemandes contre deux françaises, mille bouches à feu contre deux cent cinquante canons français, la disproportion des forces en présence est édifiante. Le sacrifice des chasseurs de Driant, a sans doute, été déterminant dans l'issue de la bataille. Le Kronprinz lançant dans le combat ses troupes d'élite ne devina pas l'étonnante capacité de résistance des « Diables Bleus » [2]. En effet ce sont des coups de feu inattendus, des sacrifices isolés ou collectifs qui permirent de freiner l'avance allemande.

Il faudra à l'état-major allemand, quelques jours pour se rendre compte que le feu d'enfer déchaîné à Verdun est un échec. Ce *Trommelfeuer* n'a pas réussi à détruire la résistance française, et en même temps, il découvrit un phénomène nouveau que les officiers retrouveront, plus tard, lors de la bataille de Stalingrad. L'accumulation des destructions n'implique pas l'élimination de l'adversaire. Au contraire, elle provoque un nouveau champ de bataille anarchique, impossible à maîtriser où la moindre mitrailleuse devient meurtrière et où la résistance, même par un seul homme, peut s'organiser.

Il faut voir dans la résistance opiniâtre de ces combattants une belle leçon de civisme soulignée par les historiens, mais aussi citée en exemple par les générations d'anciens combattants.

Il est certain que la défense du bois marque le sommet des quatre premières journées où Verdun faillit bien être emporté par l'attaque brusquée allemande. Ce sommet d'héroïsme domine le début de la lutte, mais

1. Le souvenir du colonel est maintenu au Musée des Chasseurs (Tombeau des Braves), rattaché au SHAT de Vincennes. On peut y voir les traditions des chasseurs et la devise de ces soldats : « Les chasseurs de Driant ne sauraient se renier », devise attribuée à Émile Driant.
2. chasseurs de Driant » en souvenir du combat épique du Bois des CaureSurnom des chasseurs à pied, issu de la couleur bleue de leur uniforme. L'histoire a retenu également les « chasseurs de Driant » en souvenir du combat épique du Bois des Caures.

le secteur de Douaumont va devenir dès le 24 février le cratère bouillonnant de la bataille.

Avant de voir l'histoire de la prise du fort de Douaumont, il est nécessaire de préciser l'histoire additive du ZAB[1] de Flabas. En effet, la mémoire collective l'a occultée. À la lisière nord du Bois des Caures se trouvait dès le mois de mars 1916, un ZAB. Situé à l'entrée du village de Flabas, ce camp de prisonniers civils, initialement prévu pour 200 à 250 hommes, abrita en réalité jusqu'à 500 prisonniers véritablement entassés dans une simple baraque en planches. Ce logement ne comportait ni fenêtre ni chauffage. Dans un coin de ce véritable enclos, ceinturé par une double rangée de fils de fer barbelés, trois trous, les feuillées ou W.-C. Ce camp situé trop près des lignes était constamment bombardé par l'artillerie française, ce qui généra de nombreuses victimes parmi les détenus. Enfin le personnel de ce bagne était composé de quarante sentinelles barbares, dirigées par un adjudant (*Feldwebel*) très dur, assisté de deux caporaux d'égale cruauté.

Les hommes détenus dans ce lieu de mort devaient participer au travail, véritable ancêtre du STO de la Deuxième Guerre mondiale : réparations de voies de communication, création de voies ferrées, creusement de tranchées, enfouissement de cadavres, transports de munitions et de vivres pour les soldats allemands au front. Il est important de signaler que tous ces travaux étaient formellement interdits par la Convention de La Haye, régissant les droits et les devoirs des prisonniers de guerre.

Outre les conditions de travail, les nombreux décès étaient la conséquence des maladies, des sévices et punitions appliqués, des chiens de garde plus ou moins féroces, etc. Les habitants du village proche, sous le joug de l'occupant, ne pouvaient venir en aide à ces malheureux qui, rappelons le, étaient des civils de tous âges et de quelques prisonniers militaires récalcitrants ou ayant tenté une évasion d'un camp en Allemagne.

À l'entrée du village a été érigé un monument « Aux Prisonniers Martyrs Victimes des Représailles ». Monument très rare, car il représente un homme, les mains et le torse ceints par un épais cordage.

La bataille de Verdun a consacré la ténacité, le courage, la volonté et la victoire du poilu français, face au déluge d'obus de l'armée allemande. Mais l'histoire de France se construit non seulement par le rappel des faits glorieux, mais aussi par l'évocation des heures sombres. L'occupation allemande durant la Grande Guerre constitua, en effet, un véritable enfer pour les populations sous le joug des armées teutonnes.

1. ZAB : *ZivilArbeiterBataillon* ou camp de travail pour prisonniers civils. C'est dans ces camps que se pratiquaient les travaux forcés ou *Zwangsarbeitem*. Voir à ce sujet *Les Barbelés des Bannis*, Éd. Tirésias.

L'ÉNIGME DU FORT DE DOUAUMONT

Le fort de Douaumont, comme celui de Vaux, sont les deux points de résistance les plus importants dans le système de défense institué par le général Séré de Rivière. Ce système consistait en un double réseau fortifié destiné à barrer la route à toute invasion, à maîtriser les voies de communications et à constituer une base offensive, tout en assurant la protection des concentrations de troupes.

Douaumont et Vaux ont cristallisé sur eux l'attention et la légende, même si, en définitive, ce furent des ouvrages dits de « second rang » et non modernisés qui jouèrent un rôle décisif dans la défense de la ville de Verdun : Froideterre et Souville en juin et juillet 1916. Le secteur de Douaumont symbolise dans la mémoire collective la victoire de Verdun. Il faut dire que la colline de Douaumont rassemble les vestiges de la bataille avec le fort, et les monuments du souvenir actuels comme l'Ossuaire, le cimetière national, le village, l'abri du pèlerin et la tranchée des baïonnettes. L'espace réduit a connu l'enfer pendant pratiquement 9 mois. Le fort sera occupé par les troupes allemandes de février à octobre 1916 et il a exercé curieusement une véritable fascination dans les deux camps. En fait, il symbolisera une victoire morale pour celui qui le prendrait, car l'intérêt stratégique de cet ouvrage est peu évident. Le village adjacent deviendra un véritable champ de ruine. Là combattirent l'adjudant Péricard et le futur général de Gaulle[1].

1. Rappelons que c'est le 2 mars 1916 que le capitaine de la dixième compagnie du 33e RI a été fait prisonnier par les Allemands lors de l'assaut du village. Une autre version affirme que le capitaine de Gaulle aurait fait agiter un drapeau blanc pour se constituer prisonnier. Puis ne sortant pas assez vite, un soldat ennemi l'aurait piqué au postérieur avec sa baïonnette pour accélérer sa reddition, ce qui accréditerait sa blessure à l'arrière de la cuisse gauche… Cette thèse a été maintes fois affirmée par les témoins survivants de ce combat, par différents articles de journaux et par Y. Amiot dans *La Capture* (1997).

Voyons quelle a été l'histoire de ce fort au cours de la bataille.

Le 24 février, le front défensif français est rompu. Des soldats isolés luttent sans espoir, des troupes sans direction, sans munitions, sans ravitaillement refluent, le commandement ne s'exerce plus. Les survivants faisaient peine à voir : « J'ai vu revenir le 25 sur Verdun, écrit l'historien L. Madelin[1], 80 hommes sur un régiment de près de 3 000. C'étaient des spectres. Les uns avaient le regard atroce des morts, les autres les yeux hors de la tête, des fous. Ils marchaient en flagellant sur leurs jambes… »

La lutte inégale découvre dangereusement le fort de Douaumont, dont personne à l'état-major français ne semble se soucier. Le « pilier angulaire » de la résistance française va tomber entre les mains de l'ennemi qui avait baptisé l'ouvrage du nom argotique de *Sargdeckel*, soit couverture de cercueil, de par sa forme[2].

Le 25 février 1916, va se produire l'un des événements les plus extraordinaires de la bataille, c'est-à-dire la prise par les troupes allemandes du fort. Il est utile, en premier lieu de connaître quelques caractéristiques de cet ouvrage.

Commencé en 1885, ce fort avait été renforcé et modernisé en 1887 puis de 1889 à 1913. À l'extérieur, sa protection consistait en deux réseaux de fils de fer barbelés profonds de trente mètres, d'une palissade de pieux acérés de trois mètres et d'un fossé profond de huit mètres. Il était armé d'un canon de calibre 155 court, de 75 jumelés et de trois tourelles de mitrailleuses. Le bâti de l'ouvrage comportait, sous une masse de terre, une couche de béton armé de trois mètres. Mais que valaient toutes ces défenses face à un terrible bombardement quantifié à environ 120 000 coups dont au moins 2 000 de très gros calibre, entre 270 et 420 ?

Donc le 25 février, avec une violence inouïe, le combat se rapproche du village et du fort de Douaumont. Alors que des renforts français montent en ligne dans la plus totale confusion, souvent dans l'ignorance de la situation exacte des troupes amies, la lutte atteint son paroxysme. Les soldats du Kaiser ont pour objectif le village et l'ouvrage cuirassé. Le 26 février, le communiqué officiel allemand dévoile : « Le fort blindé de Douaumont, le pilier de la ligne principale des fortifications permanentes de la place forte de Verdun a été pris d'assaut hier après-midi par le régiment d'infanterie numéro 24 du Brandebourg. Il est au pouvoir des troupes de notre armée ». Le tout est résumé par les journalistes à la une de la presse d'outre-Rhin : « Douaumont *ist gefallen* ».

1. L'auteur était alors sous officier au 44e régiment d'infanterie territoriale.

2. *Der Sargdeckel*, sorte de jeu de mot qui signifiait à la fois le sommet et le couvercle de cercueil.

Aussitôt les informations officielles françaises répondent : « Une lutte acharnée se livre autour du fort de Douaumont. La position enlevée ce matin par l'ennemi après plusieurs assauts infructueux qui lui ont coûté des pertes très élevées, a été atteinte et dépassée par nos troupes que toutes les tentatives de l'ennemi n'ont pu faire reculer… »

À la lecture de ces deux communiqués contradictoires, on peut raisonnablement se poser la question de savoir ce qui s'est réellement passé ! En réalité les troupes allemandes n'ont aucun mérite pour la prise du « terrible » fort, car il faut l'avouer, aucun coup de feu ne sera tiré du fort vers l'assaillant !

Donc en ce jour du 25 février, deux bataillons du 24e IR[1] de Brandebourg s'infiltrent dans un bois à proximité du fort. Vers seize heures, des éléments de ce régiment arrivent à environ cinq cents mètres de l'ouvrage. Une des compagnies, à la tête de laquelle se trouve le capitaine Haupt, découvre soudain la masse imposante du fort. Le lieutenant Brandis, commandant la section de tête, lance ses hommes « direction Douaumont ». À sa grande stupéfaction, la compagnie progresse sans réaction française. Elle cisaille les réseaux de fils de fer barbelés, escalade et se positionne sur le sommet du fort sans recevoir le moindre coup de feu. Il neige et la nuit tombe. Plusieurs compagnies du 24e IR et une section de sapeurs se massent devant la grille d'entrée de la redoute.

Le fort est toujours silencieux et des témoins allemands affirmeront à ce moment craindre un piège. Puis les *feldgrau* pénètrent dans l'ouvrage. Les assaillants ne trouvent à l'intérieur du fort qu'une corvée de territoriaux placides et un vieil adjudant gardien de batterie ! Aussitôt ce responsable, une lanterne à la main et ses hommes, se rendent[2].

Les premiers « rentrants » sont le sergent sapeur Kunze et trois officiers, le lieutenant Radtke, le lieutenant von Brandis, et le capitaine Haupt. Plus tard, une controverse assez cocasse, opposera les trois officiers. Chacun voulait être reconnu comme celui qui avait été le premier à pénétrer dans le fort. L'état-major allemand considéra que c'était le lieutenant von Brandis[3], mais on peut affirmer que le sergent Kunze fut le réel premier homme à investir le fort. Cette thèse a été adoptée et confirmée par le journal des anciens combattants, le *Kyffhaüser Bund* de février 1966.

1. En France, la terminologie militaire RI désigne le régiment d'infanterie (par exemple le 142e RI), en Allemagne on définit les régiments de fantassins par IR, soit infanterie régiment.
2. Il s'agit du gardien de batterie, sergent-major Chenot et d'une soixantaine de soldats.
3. Kurt von Brandis présidera la délégation allemande à Verdun en 1936. C'est en effet cette année-là que se tint une cérémonie pour « le serment de la paix ». Il portera la bannière à croix gammée lors du défilé de clôture de cette réunion pleine d'espoir !

Dans ce numéro, le sergent a narré son arrivée dans la redoute : « Je poursuis ma visite souterraine et arrive devant un local avec une table toute servie pour un repas (sic). Un festin à mes yeux. Il y avait là un panier d'œufs, du pain blanc, du jambon, du beurre et des bouteilles de « pinard » (en français dans le texte). Je me mis à goûter ces *Delikatessen*. Pendant ce temps-là, le lieutenant Radtke de la sixième compagnie entra dans le fort. Un peu plus tard, arrivèrent le capitaine Haupt avec sa septième compagnie et puis le lieutenant von Brandis. Ce dernier fut chargé d'apporter la bonne nouvelle au poste de commandement de l'état-major. Mais le compte rendu de von Brandis avait été assez fantaisiste... »

La déclaration partiale de ce lieutenant eut pour conséquence la remise de la Croix pour le Mérite, une des plus hautes décorations allemandes, aux officiers Haupt et von Brandis. Ce n'est que vingt ans plus tard que les archives du Reich rétabliront la vérité. Kunze redevenu policier sera nommé alors inspecteur de police et Radtke reçut la croix de Fer.

La conclusion de l'article du numéro deux du *Kyffhaüser Bund* est surprenante par sa révélation : « On peut dire que le maréchal Joffre, en désarmant le fort de Douaumont avant février 1916, porte la responsabilité de sa prise par un simple sergent de pionniers ».

Ainsi tomba le formidable fort de Douaumont qui, situé sur un promontoire de près de 388 mètres, était chargé de la défense de la ville. Selon le général Rouquerol, commandant la quinzième division de Verdun, la perte de cet ouvrage entraîna du côté français la disparition d'environ 100 000 hommes.

La chute du pilier angulaire fut à l'origine de la toute première tentative d'intoxication des masses, à la fois par les états major et par la presse. On l'a vu, le communiqué dithyrambique allemand et celui très vague dans les termes du côté français, ont tenté de manipuler les opinions publiques des deux cotés du Rhin. Le commandement allemand distribua, on l'a vu, les plus hautes distinctions. Un village du Brandebourg sera même rebaptisé Brandis en l'honneur du « héros de Douaumont » ! Enfin le général Schmitt von Knobelsdorf prononça une phrase restée célèbre : « Douaumont, pilier angulaire de la résistance française est tombé » Cette tirade énoncée à l'empereur venu féliciter le Kronprinz son fils, ne faisait pas mention des modalités réelles de la prise du fort !

L'Allemagne claironne la victoire, les cloches sonnent dans tout le pays. La presse se déchaîne[1]. Le journal populaire de Berlin (*Lokal Anzeiger*) dépeint l'enthousiasme de la foule : « On lance les chapeaux en

1. La nouvelle parue dans toutes les unes de la presse « *Douaumont ist gefallen* » fit dans l'opinion mondiale un bruit considérable.

l'air, les yeux étincellent, les drapeaux flottent aux fenêtres des maisons, saluant les vainqueurs de Douaumont ».

Du côté français, la stupeur et l'indignation déferlent. L'émotion remonte jusqu'au gouvernement Briand, où on parle de péril[1]. Afin de rassurer l'opinion publique française on essaie de lui faire croire que si les soldats allemands sont dans le fort, ils y sont encerclés, en quelque sorte emprisonnés. Quelques jours après, la presse ira jusqu'à émettre une heureuse nouvelle, bien entendu, fausse : le fort de Douaumont est repris !

Ou bien on tente d'alléguer que la chute de l'ouvrage est la conséquence d'une traîtrise : « Les Boches pour y rentrer sans risque s'étaient déguisés en zouaves, coiffés de chéchias » [2]. Rien à ce jour n'est venu corroborer cette thèse et tous les soldats allemands que l'adjudant Chenot vit dans le fort étaient habillés en *feldgrau* et coiffés du casque allemand.

Enfin certains observateurs militaires de l'époque ont même émis une hypothèse, celle d'hypothétiques déserteurs ou prisonniers qui auraient révélé le désarmement des forts de Verdun... Car si l'opinion publique allemande a été abusée par l'état-major militaire, du côté français le commandement a également travesti la vérité.

Les communiqués français ont décrit l'héroïque résistance du fort de Douaumont afin de masquer la faute que constituait son abandon. Erreur tactique évidente qui peut-être attribuée à un manque de communication entre deux généraux. En effet, le général de Langle de Cary donne l'ordre le 24 février au régiment de réserve qui occupait le fort, de se replier sur la rive gauche de la Meuse. Les soldats, des territoriaux, furent bien aises d'aller se mettre à l'abri de l'autre côté du fleuve. Toutefois personne n'attira l'attention du général Chrétien sur le fait que les territoriaux retirés du fort n'étaient pas remplacés. De sorte que l'ouvrage demeura jusqu'à la prise par les Allemands, sans autres occupants que le gardien Chenot et ses soixante hommes. On peut affirmer donc que la décision de tenir la redoute se perdit dans la passation des consignes au général Chrétien qui prenait la direction de la lutte.

Ensuite, deuxième erreur à considérer, la décision malheureuse de

1. Le président de la République était alors Raymond Poincaré, Aristide Briand président du Conseil et ministre des affaires étrangères. Principaux ministres : à la justice R. Viviani, à la marine l'amiral Lacaze, à l'intérieur L. Malvy, à l'éducation P. Painlevé, à l'agriculture F. Méline, à la guerre le général Gallieni (jusqu'au 14 mars) puis ce fut le général Roques. Parmi les ministres d'État, on trouve : L. Bourgeois, E. Combes, J. Guesde, D. Cochin, etc. À noter que ce gouvernement restera en place durant toute la bataille de Verdun.
2. Ce fait avait déjà été exploité lors de l'attaque d'un pont sur l'Yser. Le commentaire journalistique précise qu'à Douaumont, les poilus apercevant ces soi-disant faux zouaves avaient hurlé : « Tirez les amis... ce sont des Boches ».

désarmer les forts de Verdun. Celle-ci avait été entérinée par le gouvernement de l'époque du 5 août 1915, qui par décret déclassait les places fortes. Ce décret avait été promulgué à la suite de remarques de « jeunes officiers » du quartier général qui faisaient valoir que ce type de fortifications ne répondait plus aux besoins de la lutte. Cette opinion était fondée par le fait que les forts belges (ceux de Liège en août 1914), n'avaient pratiquement pas résisté. De plus en France, les ouvrages de Manonvillers et du Camp des Romains (Meuse) étaient tombés très rapidement. Par contre l'état-major et ses jeunes turcs ont négligé la forte résistance, en septembre 1914, du fort de Troyon (Meuse) !

Enfin le commandement français a péché par excès d'optimisme, en croyant le fort de Douaumont hors d'atteinte de l'armée allemande. Il n'est donc pas étonnant que les quelques hommes du lieutenant Brandis aient réussi à se rendre maîtres du fort sans coup férir. Douaumont désarmé et qui dans la confusion de la bataille n'avait pas été occupé par nos troupes, devait fatalement tomber entre les mains de l'armée allemande.

Le fort entrait ainsi dans l'histoire et allait devenir le motif le plus exaltant de la guerre, celui de la passion des deux armées.

Le succès, pour le moins aisé des soldats allemands, n'ouvrira pas pour autant la route de la ville de Verdun. La journée du 25 février marque pour l'armée française à Verdun, le comble de la confusion : perte du fort, abandon précipité d'un point stratégique au nord de la ville (Côte du Poivre), fléchissement de la principale ligne de résistance. Ces lacunes démontrent que la bataille n'était plus conduite, ni même pensée.

Pourtant cette journée, si chargée en faits menaçants, se terminera par une lueur d'espoir. À l'anarchie du commandement va succéder l'ordre, par la volonté d'un nouveau chef, le général Pétain. L'histoire de sa nomination vaut d'être contée. En effet il fallait chercher et trouver le nouveau responsable de la bataille. Le général Pétain se trouvait dans un hôtel (Terminus), près de la gare de l'Est à Paris avec une demoiselle. Comme le voulait la coutume hôtelière de l'époque, les chaussures du général et les bottines de la tendre d'un soir, avaient été déposées devant la porte de la chambre et attendaient d'être cirées. Interpellé, le futur maréchal entrebâilla la porte, revêtu d'une chemise de nuit et d'un bonnet de nuit à pompon… Après avoir pris connaissance de sa nomination, il rejoignit très rapidement le quartier général. L'histoire ne dit pas l'avenir de la dame de compagnie !

Installé dans le petit village meusien de Souilly, situé sur la « Voie Sacrée », il va diriger la bataille[1].

1. Il aura pour aide de camp, le général Serrigny, auteur de *30 ans avec Pétain*, et pour chef d'état-major le colonel Zeller.

Dès son arrivée, il dicte l'ordre numéro un, le premier d'une longue série : « Enrayer à tout prix l'effort ennemi sur le front de Verdun. Toute parcelle de terrain qui sera arrachée par l'ennemi, donnera lieu à une contre-offensive immédiate ». C'est sous son impulsion que sera créée, on le verra, la « Voie Sacrée » afin de pallier le manque criant de voies de communications.

Les Allemands devenus maîtres du fort s'installent et l'aménagent. Ils se sont rapidement aperçus qu'outre l'impact « politique » attaché à la prise, ils possèdent avec cet ouvrage un excellent point d'observation pour leur artillerie. La redoute servit également de lieu de passage et de repos pour les soldats d'infanterie se rendant aux premières lignes, c'était en effet le seul point où une troupe pouvait se reposer sans danger.

Enfin en principe, car le 8 mai 1916, une énorme explosion retentit dans le fort. Un dépôt de munitions à l'intérieur de l'ouvrage venait d'exploser à la suite d'une maladresse. Il est avéré que des soldats chauffaient leur repas à l'aide d'un réchaud à alcool. À la suite d'un faux mouvement, le liquide renversé propage le feu dans un stock de grenades et d'obus. L'explosion fut terrible, le souffle blessant et tuant les hommes à proximité. Ce drame sera à l'origine d'une tragique méprise. Des survivants paniqués noircis par les fumées de l'explosion se précipitent à l'extérieur de la redoute. Des *feldgrau* de garde, prenant ces pauvres hommes pour des tirailleurs sénégalais[1], leur tirent dessus et leur lancent des grenades. Cette fatale méprise allongera tragiquement la liste des morts.

Des statistiques récentes chiffrent à plus de 680 le nombre des victimes de cette véritable catastrophe. Les corps de ces malheureux demeurent pour toujours à l'intérieur d'une casemate du fort. Le 14 octobre, le fort sera repris presque sans combat (à l'intérieur s'entend), l'histoire se répète, par des soldats du général Mangin, suivant les détails du général Nivelle et au moment choisi par Pétain. Pour la petite histoire et afin d'obtenir un succès, les troupes du génie français avaient, à Stainville près Verdun, reconstitué le champ de bataille de Douaumont avec son fort. Les futurs assaillants répétèrent l'attaque comme l'on répète un drame au théâtre. Vers quinze heures des hommes munis de lance-flammes abordent avec les coloniaux du RICM (Régiment d'Infanterie Coloniale du Maroc), le fort. Ils seront les premiers à pénétrer dans l'ouvrage précédés des deux sapeurs P. Dumont[2]

1. Les sentinelles se mirent à hurler : « *Die Schwarzen kommen* », les noirs arrivent. Témoignage de W. Nortdulf. Verdun 1986.

2. La capture de la garnison revient à ce soldat. Le maître ouvrier Dumont obtiendra pour ce fait une des premières croix de la Légion d'honneur décernée à des hommes de troupe. Cette décoration bizarrement lui vaudra quelques démêlés avec les agents de police lors d'une permission exceptionnelle à Paris. Les policiers accusèrent ce soldat de « port illégal de la Légion d'honneur ».

et J. Ygon. Les coloniaux feront prisonniers les occupants du fort, soit le capitaine von Prollius et vingt-quatre hommes. Ces soldats ont déclaré postérieurement: « Jamais nous n'aurions pensé que les poilus français aient pu franchir près de trois kilomètres en un seul élan ».

Comme pour la prise du fort, la presse allemande et l'état-major justifièrent la perte de la redoute. Les officiels expliquèrent le manque de troupes à l'intérieur par encore une fois, un mensonge. Par exemple, « les gaz des obus toxiques explosant près de l'entrée et se répandant dans les couloirs de l'ouvrage en avait rendu l'occupation très pénible ». L'auteur de l'article poursuivait: « un obus de 400 ayant explosé sur un dépôt de fusées d'obus provoqua des fumées dangereuses qui se répandirent dans les salles. Tous ces faits rendirent la vie de la garnison difficile. Cette situation critique obligea le commandement à évacuer le fort laissant un petit détachement chargé de gérer le fort... » [1]

Pourtant les combattants français furent étonnés des aménagements intérieurs du fort réalisés par le génie allemand: éclairage électrique, téléphone, appareils à oxygène et de ventilation, etc. Par contre, une salle les a particulièrement choqués, celle dans laquelle avaient été stockés les cadavres de l'explosion du 8 mai: corps à demi calcinés et comble d'horreur certains avaient encore attaché le masque à gaz sur le visage[2].

Le fort de Douaumont a fasciné les adversaires et exercé un attrait irrésistible. Les poilus de Verdun vouaient un véritable culte à cet ouvrage. Des personnalités très nombreuses viennent le visiter depuis 1917[3] et Clemenceau viendra même y coucher. Le fort aura sa marraine, madame Benoist d'Azy, alors infirmière major. Puis après l'Armistice la mémoire collective française va se focaliser parmi les sites fortifiés, sur ce fort. Certains, dont Henry de Montherlant, ont envisagé de transformer l'ouvrage en ossuaire national. La proximité des monuments symboles de l'enfer de Verdun, incite les visiteurs français et étrangers[4] à se rendre en nombre au fort, oubliant quelque peu l'ouvrage de Vaux. Pourtant on le verra, celui de Vaux possède une histoire plus glorieuse.

1. Extraits d'articles parus dans: *Der Krieg*, *Die Wochenschau*, *Der Welt-Spiegel*, etc.
2. Témoignage de P. Arnoux dans *Verdun*, J. Péricard, opus cité.
3. Le Führer déposera une gerbe dans le fort, dès l'invasion de notre pays en 1939.
4. Les visiteurs étrangers les plus nombreux sont de toute évidence les Allemands. En effet à l'intérieur de cette redoute se trouve un des cimetières allemands les plus émouvants avec celui du fort de Vaux, celui-là français.

DEUX ÉNIGMES ENFIN ÉVOQUÉES…

« En terme d'horreur pure, aucune bataille
n'a jamais dépassé celle de Verdun… »
C. Falls[1].

L'affaire du Bois de Malancourt-Avocourt

Verdun, c'est le sacrifice accepté, et là devant la douleur et la mort, devant le courage ou la peur, on ne peut pas tricher. Devant ce constat, augmenté de celui de la fraternité qui unissait ces poilus, il faut raconter et raconter encore ce que fut le combat à Verdun.

Bien entendu, il y eut, au cours de ces neuf mois de lutte intensive, des faits d'armes exceptionnels, des actes d'héroïsme et de courage remarquables. Mais aussi il y eut des détresses, des pertes d'espoir ou tout simplement des moments de peur intense. Afin d'illustrer ce propos, il faut dans ce chapitre rapporter deux faits méconnus, mais qui demeurent comme des points obscurs pour l'histoire de la bataille de Verdun.

En premier lieu, *l'affaire du Bois de Malancourt-Avocourt*, sur la rive gauche de la Meuse, lors d'une attaque allemande du 20 mars 1916.

Le secteur était alors tenu par les membres de la 29e division d'infanterie, c'est-à-dire des soldats du 111e RI (Antibes) et du 258e (Avignon), sous les ordres du général Alby[2]. Face à ces régiments se trouvait la

1. C. Falls in *The First World War*. Londres 1960.
2. La division était dirigée par le général Guyot de Salins et comportait quinze compagnies.

onzième division bavaroise (*Bayerische Infanteriedivision*), unité de soldats d'élite commandée par le général von Galwitz.

L'attaque de ce secteur démarrera par un bombardement intense suivant la puissance de feu allemande. Ce déluge de feu durera huit heures. Les *feldgrau* s'avancent alors dans le bois accompagnés des lance-flammes brûlant tout sur leur passage. L'ennemi atteint, sans difficulté semble-t-il, le réduit d'Avocourt, au sud-est du bois et cerne même le poste de commandement du colonel Brümm, responsable de la 57e brigade. Il est vrai que les Bavarois avaient bien préparé leur assaut. Les pionniers avaient creusé jusqu'aux réseaux de fils de fer barbelés des tunnels et même un fourneau de mine sous la ligne de défense française.

Une action confuse s'engage alors dans le bois, enfin ce qu'il en reste… L'attaque se déroule comme l'avait prévue l'état-major allemand. La division française est mise en déroute et les deux régiments sont dans l'obligation de déposer les armes.

Le 111e RI est cerné par la gauche, le 258e est refoulé. Pire, le colonel Géant du second régiment est fait prisonnier. Pourtant ce secteur, y compris le réduit d'Avocourt était considéré comme un centre de résistance modèle. Devant cette situation tragique, des contre-attaques sont ordonnées, mais elles échouent. Les services officiels français annoncent la capture de 2 825 hommes, y compris le colonel Brümm, douze canons et vingt-cinq mitrailleuses.

Se pose alors une question : comment les troupes allemandes ont remporté un tel succès ? L'énigme est obscure, car aucun document militaire officiel, aucun témoin, aucun prisonnier de guerre n'ont permis de la déchiffrer ! L'événement reste mystérieux, mais a défaut de témoignage direct, l'histoire détient à sa disposition des articles de presse, des chapitres de livres, des extraits de débats à l'Assemblée nationale, des carnets de souvenirs, et enfin des révélations de grands chefs militaires.

Tout de suite la presse, l'opinion publique s'emparèrent de cet épisode et certains journaux de l'époque n'hésitèrent pas à titrer à la une : « Malancourt, la tâche noire de Verdun ».

Il faut avouer que les articles de presse (non signés) avaient été rédigés sans une quelconque indulgence. Tel celui du *Matin* : « Une grave défaillance, en fait une trahison de deux de nos régiments qui se rendent pratiquement sans combattre, entraîne la perte d'Avocourt… »

Le général Nayral de Bourgon déclarait dans un communiqué : « L'organisation défensive de cette position était réputée comme un chef d'œuvre de fortifications : abris à l'épreuve, tranchées bien aménagées, réseaux de fils de fer épais et solides. Un échec pareil ne peut s'expliquer que par de graves défaillances ». Toutefois quelques lignes après il précise: « Je n'avais jamais visité ce centre de résistance, mais je l'ai souvent entendu vanter comme modèle ! »

Un autre communiqué militaire précise que cette brigade « sudiste » comportait des éléments peu sûrs, défaitistes ou même ayant des intelligences avec l'ennemi[1]. Évidemment les soupçons de connivence avec l'ennemi qui naquirent, jetèrent l'opprobre sur les hommes des deux régiments en cause.

Raymond Poincaré, dans ses mémoires, fit de ces événements un tableau très sombre:

Samedi 25 mars: « Briand prétend que la défaillance du 258e était prévue, que des hommes, dont on a saisi la correspondance avaient annoncé leur intention de se rendre. Joffre dit qu'il ignore ces faits, mais qu'il ordonne une enquête. Pétain a déclaré hier qu'il savait que le régiment (il ne précise pas lequel) qui tenait le bois n'avait pas bon esprit, mais qu'il n'avait pas voulu le déplacer pour ne pas donner une prime à la lâcheté... »

Puis le 13 avril: « Le 111e régiment qui a fléchi était entré en pourparlers avec les Allemands. Une enquête est commencée, ainsi que pour le 258. Des poursuites seront ordonnées s'il y a lieu... »

Le 19 avril: « Le général qui commande le secteur nous parle avec une extrême sévérité de la défaillance du 111e. Une enquête est ouverte. Il y aura besoin de sanction par contumace... »

Enfin le capitaine d'état-major G. Couston lui, émet une autre hypothèse: « C'est sur le 111e que doit peser la responsabilité de la perte du bois, et plus encore qu'aux hommes, cette responsabilité doit aller aux officiers, lesquels étaient manifestement au-dessous de leur tâche... Quand mon régiment (le 157e RI basé à Gap) a repris le réduit huit jours plus tard, nous avons recueilli quelques territoriaux du 106e, blessés. Les Allemands n'ayant pas pu les évacuer, ils étaient restés sur le terrain et ils nous ont affirmé que dans le bois « aucune résistance sérieuse n'a été faite à l'ennemi ».

L'autorité militaire a dissous le 111e régiment d'infanterie en juin 1916. Il faut préciser que c'est le seul cas de dissolution d'un régiment pendant la Grande Guerre. L'historique de cette unité[2] précise que « les raisons exactes de cette dissolution sont pour le moins obscures ».

1. Déjà le 24 août 1914, le ministre de la guerre (A. Messimy) faisait paraître un article dans le journal *Le Matin*, qui fustigeait la prétendue lâcheté des troupes du sud de la France. L'accusation, dénuée de tout fondement, sera à l'origine d'une antipathie tenace entre les troupes originaires du nord et du midi.

2. Historique du 111e RI en 14-18. Berger Levrault, Paris 1921. À noter que P. Chanlaine, homme de lettres et président fondateur de l'association des écrivains combattants a combattu dans ce régiment.

Parmi les carnets de guerre, rédigés après le conflit afin d'éviter l'œil inquisiteur des services militaires spécialisés, celui de B. Poupin est important : «... Par contre quelques jours après, nous eûmes le pénible spectacle d'assister à la défection d'une partie de la 29e division qui était rattachée à notre corps depuis quelques semaines. Plusieurs régiments, le 111e notamment chargé de défendre le bois d'Avocourt et une partie de celui de Malancourt, se laissèrent surprendre et faits prisonniers en partie, ce qui permit aux Boches d'avancer de quelques kilomètres dans la région. Nos chefs étaient furieux, il y avait de quoi... » [1]

À Paris, cette affaire fit la plus forte impression et de nombreux débats assez vifs eurent lieu à l'Assemblée nationale.

Les historiens civils et militaires ont le plus souvent jeté un « voile pudique » sur ce douloureux événement, et ce pour des raisons différentes. On a vu que dans cette reddition, il y a une énigme, mais il existe également un autre mystère. Seul le général de Bazelaire a émis une hypothèse concernant ce mystère, lorsqu'il déclare : « Une enquête est ouverte, il y aura au besoin des sanctions "par contumace" ». Ce qui peut vouloir dire qu'il n'existe pas de survivants ou bien que les poilus fautifs sont prisonniers !

Et en effet, ce point d'histoire est mystérieux, les chercheurs n'ont jamais pu rencontrer un témoin vivant de cette tragédie. Aucun survivant des camps de prisonniers de guerre en Allemagne n'a fait partie de ces deux régiments. Par contre, des carnets de souvenirs ont révélé des faits troublants et terribles. Tel celui de B. Poupin qui décrit la situation : « C'est là, au réduit d'Avocourt, que nous constatons des atrocités Boches commises sans doute sur des prisonniers. Plusieurs soldats français, criblés de coups de toutes sortes, méconnaissables, dans la boue, ont le ventre largement ouvert et bourré de boîtes de conserves vides. Un sergent affaissé, à genoux, les mains derrière le dos, a dû être fusillé dans cette position. Enfin, un lieutenant que l'on reconnaît comme appartenant à un état-major de brigade (brassard bleu), est attaché criblé de coups, dans un arbre à cinq ou six mètres de hauteur. Et bien d'autres sans doute qu'on n'a pas vu... » [2]

Ce fait a été confirmé par un des territoriaux blessés qui en 1919 a avoué : « J'ai vu un nombre de soldats qui s'étaient rendus, égorgés sur place par les Allemands... » [3]. Autre témoignage digne d'intérêt, celui du soldat H. Wolf, qui le 23 mars écrit à sa famille : « En raison d'une sérieuse défense des Français à Malancourt, nous perdons des hommes.

1. Ce carnet de souvenirs exceptionnel m'a été prêté en septembre 2000 par le petit-fils de cet ancien poilu. Ce soldat de Verdun avait combattu au sein du 92e et 139e RI, puis était devenu secrétaire d'état-major du 13e corps d'armée.

2. Témoignage inédit déjà cité.

3. Confession parue dans *Verdun,* Péricard, opus cité.

Des *Scharfschützen* (fusiliers d'assaut), semble-t-il devenus fous dans « cette chaudière de sorcières » massacrent des soldats sans armes. Si je pouvais avoir la chance de m'en tirer avec un *Heimatschuss*.[1]

Un autre document semble accréditer la tuerie de Malancourt. Le *Grosser-Bilder Atlas des Weltkriegs* du 5 mai 1916, signale que le responsable du régiment bavarois avait vu des soldats, sans doute pris de folie, égorger des prisonniers français.

Il faut tout de même avouer qu'en général à Verdun, *feldgrau* et poilus ont été dignes les uns des autres. Ils menaient la même vie horrible, affrontaient les mêmes dangers, connaissaient les mêmes privations, et souffraient des mêmes misères : faim, soif, vermine, rats, boue, folie…

Les chercheurs sur le terrain n'ont jamais trouvé de fosse commune, ni de charnier à proximité, où les corps auraient pu être ensevelis. Alors l'énigme reste entière. Mon sentiment personnel partagé par celui des chercheurs et les passionnés du terrain, réside dans le fait que les dépouilles ont été incinérées au lance-flammes, pratique assez courante dans certains régiments d'élite allemands[2].

Ce même lieu fut le théâtre d'un fait extraordinaire. En effet, la reprise du bois de Malancourt-Avocourt se fit en musique. Les troupes françaises qui n'avaient pas pu être ravitaillées depuis 4 jours étaient épuisées. Le 29 mars, à six heures, pour animer ces hommes, les officiers firent donner la musique du régiment… Et à huit heures le bois était pris à l'ennemi !

Pour clore ce chapitre, il est utile de préciser certaines choses. Les poilus de ces deux régiments ont cédé du terrain, c'est indéniable, mais peut-on aujourd'hui imaginer leurs conditions de lutte et leur état d'esprit ? Ce que personne n'a précisé, comme par hasard, c'est la jeunesse de ces combattants. En effet, ces jeunes soldats ou jeunes recrues, selon la terminologie militaire, se trouvaient pour la première fois confrontés au combat. Ces bleus[3], on le sait aujourd'hui, issus des centres d'instruction spécialisés avaient été envoyés directement en premières lignes.

Ces combattants novices, se sont retrouvés très rapidement cernés par les troupes d'assaut allemandes, sans pouvoir se retrancher à l'arrière

1. Littéralement, blessure qui ne fait que vous renvoyer chez vous. Extrait d'une carte postale du front. Collection particulière.

2. Par exemple lors du combat de Bras-Douaumont, les Allemands n'avaient fait aucun prisonnier parmi les membres de la 39e DI. Les 250 hommes manquants avaient été tués. Témoignage de A. Hugonnard (1966), du 153e RI, fondateur de l'amicale de Ceux de Verdun de Nice.

3. Terme militaire désignant les jeunes soldats. Les poilus plus anciens les surnommaient les « cuirs jaunes », car les cuirs de leur équipement neuf n'étaient pas encore patinés.

pour contre-attaquer. De plus ces bleus ont dû ressentir une peur panique lors de l'attaque finale : l'usage des lance-flammes au cours d'un assaut est cauchemardesque.

Il s'agit d'une malheureuse affaire militaire, dont peut-être le commandement n'est pas exempt de tout reproche dans la mort de ces héros. N'oublions pas la maxime de Romain Rolland :

« Un héros est celui qui fait ce qu'il peut, les autres ne le font pas... » [1]

L'affaire des « gendarmes pendus »

C'est un autre fait obscur de la bataille de Verdun.

Durant la guerre de 14-18, la gendarmerie n'a pas fait l'unanimité et cela pour plusieurs raisons. Composé exclusivement de soldats de métier, ce corps militaire ne fut pas autorisé à se constituer en unités combattantes lors de la mobilisation. Seuls environ 850 hommes, issus de la Garde Républicaine obtiendront l'autorisation d'être versés, à titre individuel dans l'infanterie. D'ailleurs près d'un tiers de ces hommes ne reviendront jamais des champs de bataille[2].

Ensuite le rôle des gendarmes était de se concentrer sur leurs missions principales de sécurité et de maintien de l'ordre. Tout était résumé dans leur « ordre général » : « Maintenir les hommes sur la ligne de feu et forcer au besoin leur obéissance ». Les poilus devaient donc subir l'autorité des gendarmes qui entouraient le front à l'affût des déserteurs[3], et des soldats brigands. Pour le poilu, le gendarme est celui qui persécute les combattants dans les villages de l'arrière : demande et vérification de papier, surveillance des permissionnaires, accès aux débits de boissons, etc. De plus, au cours des périodes de repos, les « cognes » [4] s'occupaient parfois avec trop de zèle des petits incidents comme les trafics d'alcool, de tabac, l'ivresse, les problèmes liés à la prostitution, etc. Enfin les gabelous étaient également chargés de tamponner les carnets de permission. Les soldats n'appréciaient pas toujours la rigueur de ces contrôles.

1. Romain Rolland, *Au-dessus de la mêlée* (1915). Son appel, à la justice au cours de la Grande Guerre, lui attirera des haines violentes, mais il obtiendra le prix Nobel de littérature en 1915.

2. Parmi eux, leur chef le général Battesti.

3. Les statistiques sur les déserteurs sont peu précises. Néanmoins ils furent 1,5 % à ignorer l'appel d'août 1914. En 1916, c'est un chiffre de 15 600 et 25 579 en 1917. Source SHAT de Vincennes (1996).

4. Les surnoms des gendarmes prévôtaux sont légion : cognes, pandores, gabelous, bourres, vaches, guignols, et plus curieusement tiges ou collégiens ?

Ce sentiment de haine des combattants, envers la prévôté, était exacerbé par le fait que les gendarmes n'étaient pas exposés aux tirs de l'ennemi. D'ailleurs à l'époque, les soldats énonçaient avec une certaine ironie: « Le front s'arrête au premier gendarme ». Enfin un ancien poilu m'a avoué que, dans certains régiments les cognes, étaient surnommés les « fusilleurs ou les hirondelles de potence », car ils accompagnaient les condamnés vers les poteaux d'exécution.

Toutes ces raisons expliquent l'image négative des gendarmes auprès des combattants, celle de militaires embusqués. Idée reprise par B. Cendras qui écrit: « Les poilus étaient exaspérés contre les gendarmes. Dès qu'un de ces sales embusqués qui faisaient du zèle leur tombait entre les pattes, ils lui plantaient un crochet de boucher sous la mâchoire et le suspendaient à une branche... » [1]

Revenons à l'affaire de Verdun. Le 24 octobre 1916, des soldats épuisés descendent du secteur du fort de Douaumont. Ils n'ont plus figure humaine, leur uniforme recouvert d'une couche terreuse, le visage émacié. Comme souvent, les soldats qui redescendent du front se sont affublé de sobriquets, prouvant par ces termes leur souffrance: PCDF, Pauvre Couillon du Front, BCDF, Bon Couillon du Front ou encore PCDP, Pauvre Cocu du Front.

À l'entrée du quartier du Faubourg Pavé, ils ont acquis à quelque mercanti des bouteilles de « vin gris des côtes de Meuse » [2]. Cette pratique était formellement interdite par le commandement. Les hommes devaient s'approvisionner, en dehors de la ration journalière fournie par l'autorité militaire, auprès de « cantines » [3].

Des gendarmes, au nombre de trois suivant les témoignages, interpellèrent ces soldats. La confiscation de ces bouteilles et la menace de punitions engagèrent une très violente discussion. Cette algarade se termina par un drame. Sous le coup de la colère, ces soldats vont commettre l'irréparable et suspendre à des crochets de boucher les trois corps inertes, crochets d'une boucherie éventrée par le bombardement allemand.

De nombreux témoins authentifièrent la véracité de ce récit. Au cours d'un pèlerinage national à Verdun, j'ai eu la chance de rencontrer un

1. Blaise Cendras in *La main coupée* (1946).

2. Un des plus célèbres quartiers de la ville de Verdun. C'est en effet par ce lieu, que s'effectuaient les relèves des troupes françaises des secteurs de Vaux et de Douaumont. Dans cette zone, quelle délicatesse, se trouvait un dépôt mortuaire avec des piles de cercueils visibles par les poilus montant au front !

3. Sorte d'épicerie ambulante gérée par l'état-major. À l'intérieur du camion spécialisé, se trouvaient à la vente du vin et tout objet ou denrée pouvant agrémenter la vie du combattant.

témoin de la scène. « Cela se passe en octobre 1916. Des poilus descendent de la zone de Douaumont, sales, crottés, fatigués. Juste devant le cimetière actuel ils achètent du vin de Meuse (à quel prix !), à un paysan. Des gendarmes veulent leur confisquer les bouteilles et aussitôt s'engage une bagarre. Les gendarmes sont dans un état lamentable et ont cessé de vivre. Les hommes du 129e RI pendent les corps à des crochets d'une boucherie détruite » [1]. Le vétéran me montre l'endroit exact et me précise que ce jour-là il était de corvée dans cette rue et qu'il avait été désigné pour débarrasser la rue des vestiges des terribles bombardements.

En effet, les auteurs de cette tragédie faisaient partie du troisième corps d'armée[2]. Les témoins de ce corps racontent qu'ils étaient très énervés contre « Mangin le boucher » et qu'ils avaient pendu quelques gendarmes[3]. Ces unités étaient commandées par le général Nivelle, qui sera plus tard, un des responsables des journées d'avril 1917 au Chemin des Dames, provoquant l'affaire des mutineries.

L'historien militaire n'a jamais pu ou voulu élucider complètement cette histoire. Toujours est-il qu'elle n'est pas invraisemblable et qu'elle n'eut pu se produire qu'à Verdun. Les témoignages sont relativement nombreux sur ces actions délictueuses envers la prévôté militaire. Les archives militaires révèlent d'autres cas, dont celui du gendarme Lempereur assassiné le 9 septembre 1917. Près de Confrécourt, plusieurs gendarmes recevront des coups de couteaux… de tranchée[4].

Pour conclure cette histoire, il est tout de même juste de dire que certains témoins louaient les membres de la gendarmerie. Je n'en veux pour preuve que ce témoignage cité dans le Verdun de Péricard : « Les gendarmes du Cabaret Rouge (lieu-dit situé au pied du champ de bataille) n'avaient pas un meilleur sort que nous. J'ai vu des corps de cette unité, allongés à jamais au fond d'une fosse commune. Le bombardement allemand ne respectait aucun uniforme, même pas celui de la gendarmerie. Je le reconnais et pourtant beaucoup de ces gendarmes nous faisaient souffrir avec leur règlement ».

1. Témoignage de l'ancien poilu M. Cabail, Verdun 1984.
2. Le troisième corps était composé des 129e (Le Havre) et 36e RI (Caen). Les membres du premier régiment étaient surnommés les « ratapoils ». Cette unité fut dissoute en juin 1917 après des mouvements d'humeur, que l'histoire a retenus sous le nom de mutineries. Dans le second régiment a servi le futur maréchal Koenig.
3. Extrait d'une lettre collection privée.
4. J.-L. Pamart *Le paysan des poilus*, 2004. L'auteur gère une association du souvenir, « Soissonnais 14-18 », dont le siège se trouve sur le plateau de Confrécourt dans l'Aisne.

L'AGONIE DU FORT DE VAUX

« Le fort ne répond plus dans l'atroce agonie,
La détresse sans nom, à la mort s'est unie,
Rien ne pourra sauver ce bouquet de Héros,
De la soif, de la nuit, des mortels soupiraux... »
De Burgat. 1934

Dans la bataille de Verdun, voici un des plus glorieux épisodes, celui qui restera à jamais dans la mémoire militaire de notre pays. En effet, l'épopée du fort de Vaux est passée dans la légende. Après la reddition, le Kronprinz lui-même, reconnut l'héroïsme des soldats français. Il leur accorda les honneurs militaires. Mais les sacrifices des défenseurs du fort démontraient bien au fils de l'empereur allemand que nos troupes tiendraient jusqu'au bout pour remporter la victoire de Verdun.

L'ouvrage de Vaux bâti en 1881, renforcé et complété de défenses jusqu'aux années 1910, faisaient partie du dispositif cuirassé, pensé et réalisé par le général Séré de Rivière, dans le cadre de la RFV (Région Fortifiée de Verdun) [1]. Enfin en 1912, date de la finition de l'ouvrage, on avait construit en sous-sol, deux citernes d'eau en béton, afin d'alimenter la dota-

1. Le fort avait été renforcé après l'apparition de l'obus dit « torpille », au grand pouvoir destructeur. C'est un chimiste français, E. Turpin, qui mit au point cet obus rempli d'un explosif chimique, la mélinite. Ce nom venait du fait que l'explosif avait une consistance rappelant le miel liquide. Rappelons que les canons sont définis par le diamètre des obus qu'ils projettent. Ainsi un « 280 » envoie des obus de vingt-huit centimètres de diamètre.

tion en hommes qui était alors de 150 hommes. Cette redoute d'apparence modeste dominait la plaine de la Woëvre, et était en communication permanente avec celle de Douaumont, distant d'environ trois kilomètres.

Comme pour tous les forts de la place de Verdun, le commandant d'armes avait reçu l'ordre qu'en cas d'attaque, il devait tenir coûte que coûte, ceci se vérifiant par la devise gravée dans la pierre : « S'ensevelir sous les ruines plutôt que de se rendre » [1].

Une précision liminaire est à ce point nécessaire. En effet, l'histoire a donné le nom de fort à cette construction, mais le terme d'abri bétonné aurait mieux convenu. Cette redoute ne comportait pas de cuisines, son armement était faible et sa garnison peu conséquente.

La situation du fort lors de l'attaque allemande du 21 février était catastrophique. Ainsi que tous les ouvrages de la région, le commandement avait, depuis le 9 août 1915, fait supprimer la garnison, l'armement, et avait même préparé sa destruction. Dès le 26 février, le général Pétain (qui avait pris la direction de la bataille) ordonne un certain nombre de mesures ayant pour objet de rendre aux forts leur destination primitive et notamment au fort de Vaux, il attribue une garnison fixe.

L'ouvrage a résisté à de violents bombardements. Le 15 mars 1916, un communiqué allemand annonce « qu'à la suite d'un brillant assaut le fort a été pris ».

Encore aujourd'hui se pose-t-on la question de savoir si cette information résulte d'une manœuvre d'intoxication, de propagande ou comme d'autres l'affirment, il s'agirait d'un compte rendu erroné d'un commandant allemand. Ce dernier occupant un ouvrage bétonné dans les environs avait cru s'emparer du fort. Personnellement, je pencherai pour la première hypothèse. Le soldat E. Petermann du 6e *Leib-Grenadier* affirme le 11 mars 1916 : « Hier matin notre autre division avait pris le fort et le village de Vaux, mais elle a dû les évacuer parce que (admirable explication !), notre artillerie tirait dedans sans arrêt » [2]

Car le fort ne fut pas facile à prendre et il a fallu de dures journées de lutte aux troupes allemandes pour s'emparer définitivement de l'ouvrage. À la fin du mois de mai 1916, le fort avait reçu un nombre considérable d'obus sur sa carapace, dont la plupart de très gros calibre[3]. La caserne et les casemates de Bourges avaient été réparées avec des moyens de fortune,

1. Devise que le général Coutenceau avait fait inscrire au-dessus de la porte principale de tous les forts sous son commandement.

2. L. Madelin, *L'aveu, la bataille de Verdun et l'opinion allemande* (1931). Ce livre rassemble des lettres de soldats allemands envoyées ou reçues de leur famille.

3. L'artillerie allemande faisait alors pleuvoir sur le fort des obus, à la cadence de 2 à 3 000 à l'heure !

les canons remplacés par de simples mitrailleuses, et surtout les « citernes » d'eau avaient été fissurées sous l'effet des bombardements. De plus l'isolement du fort était total puisque les communications avec l'extérieur étaient coupées depuis le début du mois de mars. C'est dans ces conditions extrêmes que se trouvait l'ouvrage au moment de l'attaque ennemie du premier juin.

Après une formidable préparation d'artillerie se déclenche en effet l'assaut allemand. À la suite d'une lutte opiniâtre l'ennemi se rend maître des environs et du sommet du fort. À l'intérieur, les hommes de la garnison suivent les mouvements des *feldgrau* sans pouvoir coopérer à la défense du secteur. Mais à l'inverse de ce qui s'est passé à Douaumont, les soldats français tiennent la partie intérieure de l'ouvrage, les Allemands les issues. En principe la redoute était sous le contrôle de trois régiments français, les 24, 101 et 142e RI. La garnison du fort était fournie par la sixième compagnie du 142e RI[1], une compagnie de mitrailleurs, un détachement d'artillerie et des sapeurs du génie soit environ 250 hommes. Le commandant Raynal en avait pris le commandement dès le 24 mai 1916.

Mais les blessés, les reflux d'éléments de régiments stationnés à proximité du fort, ont porté le nombre des occupants de l'abri à plus de 600. Six cents hommes qu'il faut abreuver quand les citernes d'eau se vident. Parmi eux, des blessés minés par la fièvre qui réclament inlassablement à boire. Les citernes étant fissurées par l'explosion d'un très gros obus, l'eau s'était progressivement répandue, ne laissant au fond des deux cuves, qu'une boue plus ou moins nauséabonde.

Les Allemands vont s'emparer petit à petit et au prix de nombreuses pertes, des gaines et couloirs qui conduisent à la partie centrale de la redoute. Les officiers français devinant le danger, avaient fait dresser des barricades de sacs de terre dans les cheminements de l'ouvrage. Mètre après mètre, barricade après barricade, les Allemands progressent lentement. Ils n'avanceront ainsi que de soixante mètres en six jours !

De la même façon que l'on enfume le terrier d'un renard pour le faire sortir de son abri, les soldats allemands vont utiliser toute une panoplie de moyens pour s'emparer du fort. Ils s'armeront de tout ce que la technologie chimique militaire mettait à leur disposition : jets de liquides enflammés, fumée noire très épaisse produite par du gas-oil ou de l'huile grasse, émission de gaz suffocants ou de fumigènes, etc.

1. Ce régiment d'infanterie, basé à Mende et Lodève (Lozère) était composé en majorité de soldats du sud-ouest. Mon grand-père fit partie de cette compagnie. Le commandant Raynal remplaçait le capitaine Hoffmann du 6e RIT dont la conduite a été exceptionnelle, puisque gazé dès le 12 mai, il avait refusé d'abandonner le fort.

C'était aussi l'envoi de grenades, de pétards et surtout l'utilisation du terrible lance-flammes. La moindre brèche est alors utilisée pour l'émission de jets enflammés. Une âcre fumée remplit le fort et pour respirer les hommes découvrent les trous d'aération. Mais il s'avéra qu'il fallut vite les refermer, car par ces issues, l'ennemi projetait des sacs de grenades à fusée retardée. Attaques, contre-attaques, voilà dans quelle ambiance évoluent les défenseurs devenus des héros, parce que chacun tient sa place coûte que coûte.

Le fort est séparé du monde, la vie à l'intérieur est devenue un enfer. Le 4 juin, la ration d'eau a été d'un quart de litre. Un quart pour des hommes qui se battent dans la fumée des grenades, des *Flammenwerfer*, des gaz. Un quart de litre pour les blessés fiévreux qui s'agitent au poste de secours trop petit pour accueillir les mourants et les morts. De cet endroit, les plaintes montent, suppliantes et déchirantes…

Le commandant Raynal prend alors la décision d'évacuer tous ceux qui ne font pas partie de la garnison officielle du fort. À la faveur de la nuit, la sortie sera tentée. Il est une heure du matin lorsque les groupes rassemblés dans un des couloirs se préparent à la sortie. Une telle opération de masse ne pouvait produire que du bruit. Bruit qui révéla aux guetteurs ennemis l'opération d'évacuation, qui comme on peut le penser, cessa immédiatement. Le délestage envisagé n'a pas donné le résultat escompté. Recommencée le 5 juin au petit jour, l'opération révélera le même échec.

C'est au cours du premier essai que se produisit un des plus glorieux actes de la bataille de Verdun. Dans la nuit du 4 au 5 juin, l'aspirant Buffet du 142e RI, utilisant une brèche dans le mur d'enceinte, descend le premier dans le fossé du fort, suivi d'un sergent (Fretté) et de deux caporaux (Bordais et Guillauton). Une pierre en roulant éveille les guetteurs allemands, qui du haut du fort lançant des fusées éclairantes déclenchent une effroyable avalanche d'obus. L'aspirant et ses trois acolytes arrivent à passer et atteignent les premières lignes françaises.

Lorsque le jeune officier arrive au poste de commandement de sa division, il a les yeux hagards et est en état d'épuisement. Cependant, il donne sur les combats à l'intérieur du fort et sur l'organisation allemande des précisions telles qu'on l'envoie au quartier général de Souilly. Là, il renouvelle son récit et ses explications. Le général l'écoute et lui ordonne le repos. Quelques heures plus tard, lavé, rasé, nourri, il est reçu par le général qui lui signifie qu'une attaque préparée pour dégager le fort, sera déclenchée dans quelques heures. Mais comment en aviser les hommes du fort ? Les communications avec l'ouvrage sont coupées, les patrouilles de reconnaissance n'ont pu franchir les barrages allemands ! J'irai, dit le jeune aspirant.

Le général accepte sans lui avouer : « Ce n'est pas un ordre mon ami, ce que je vous demande, c'est plus qu'un devoir ». J'irai, répète Buffet avec énergie.

Alors le chef d'état-major remet les ordres à l'aspirant qui les lit et les relit, les fixe dans sa mémoire car il ne doit, cela se conçoit, emporter aucun document écrit. L'aspirant Buffet sera accompagné par le sergent Fretté, qui était sorti de l'ouvrage avec lui. À la nuit tombante, on conduit les deux hommes en automobile, aussi loin que les véhicules puissent aller. Puis ils se jettent dans l'ombre où bientôt leurs silhouettes se perdent.

En arrivant dans le fossé du fort, le sergent Fretté sera blessé par une balle à la cuisse, comble de malchance il s'agit d'une balle tirée par une sentinelle française. Aussitôt dans l'abri, le commandant Raynal les reçoit et écoute l'annonce d'une offensive libératrice. Puis le responsable du fort leur précise que, ne faisant pas partie de la garnison régulière de la redoute, « vous êtes donc libre de repartir si vous le voulez... ». Mais Buffet et Fretté refusent catégoriquement de quitter leurs camarades : « Quoiqu'il puisse arriver, nous demeurerons avec vous » affirment les deux hommes.

L'espérance a jailli, le fort et les hommes qui y sont prisonniers ne sont plus solitaires. Des soldats, partis la veille, ont réussi leur mission et ont pu décrire la vie dans l'abri. Leur retour et l'annonce d'une attaque pour les délivrer ragaillardissent les hommes.

En attendant, la bataille se prolonge dans la redoute, enfumée, incendiée, assoiffée où l'énergie de quelques hommes éternise la résistance. La situation du fort est plus que précaire. Le soldat F. Viviés raconte : « Les chambrées étaient bondées, les escaliers, les couloirs encombrés de soldats qui dormaient, somnolaient, causaient, fumaient en attendant d'aller se battre face aux Boches[1] ».

Désormais retranchés dans les profondeurs du fort, les défenseurs vont mener une véritable guerre souterraine. La bataille s'engage au couteau, à la pelle de tranchée. Dans l'ouvrage, la vie est de plus en plus difficile. Les hommes vivent dans la crasse, couverts de poux, dans la poussière, la chaleur, bref dans une atmosphère étouffante. À l'intérieur pas de lumière, les quinquets à pétrole s'éteignaient faute d'oxygène. Et puis il y avait l'odeur. Des hommes tombaient en syncope ici ou là, car il était impossible d'évacuer les cadavres et les immondices. « Une horreur sans nom envahit les voûtes obscures du fort où dans une atmosphère méphitique, la garnison, sans sommeil, angoissée, s'entasse et ne cesse de lutter[2] ».

1. Témoignage, Verdun, 1983.
2. H. Bordeaux dans *Les derniers jours du fort de Vaux*. (1917)

Le service de santé du fort préconisa d'utiliser du chlorure de chaux, matière désinfectante utilisée dans les toilettes, afin de brûler les corps en décomposition. Les restes de ces pauvres corps pratiquement dissous, se trouvent à l'intérieur d'une nécropole collective, située derrière la chapelle actuelle, édifiée en 1917. L'odeur c'était également celle du sang répandu par les blessés littéralement entassés dans la minuscule infirmerie et ses abords. L'air était irrespirable par l'ammoniaque dégagée par l'urine répandue dans les W.-C bouchés. Les explosions, les grenades soulevaient une poussière épaisse. Cette poussière avait un terrible inconvénient, celui d'empêcher la respiration, mais surtout attisait la soif… [1]

Dans l'atmosphère chaude de ce mois de juin 1916, les soldats doivent faire face à un autre ennemi : la pénurie d'eau de boisson. Précision d'importance, les défenseurs de la redoute ne connaissaient pas la faim. Les réserves regorgeaient de victuailles et de boîtes de viande. Par contre les citernes ont laissé échapper progressivement l'eau potable et les canalisations, venant des sources de Tavannes proches, sont rompues.

Entre le premier et le six juin, les quantités disponibles ne permettent de fournir de l'eau tous les jours. Le trois juin pas de distribution, le cinq chaque homme reçoit l'équivalent d'un verre. À partir du six, il n'y a plus d'eau. « La soif a pris de telles proportions que les soldats lèchent les murs et boivent leur urine… » [2] À la date du six juin, le commandant Raynal note : « Ce que je vois dans les couloirs est affreux. Des hommes sont pris de vomissements causés par l'ingestion d'urine, car les malheureux en sont arrivés là, à boire leur urine… » Le soldat F. Auriol a avoué qu'avant d'arriver à cette extrémité, il avait récupéré des gouttes d'eau ruisselant sur le mur et sucé un caillou. Un autre témoin a affirmé : « Quand j'ai pu enfin boire un peu de vin, quel bonheur mais j'avais le palais brûlé par l'urine qu'il avait fallu avaler dans le fort pour survivre… » Enfin J. Perpigna dans un discours, n'hésitait pas à affirmer : « Combien d'entre nous ont bu leur urine, mélangée à de la graisse des boîtes de conserve ou du chocolat ! » [3]

On l'a vu, pour ce siège souterrain, les Allemands utilisèrent toutes sortes de procédés : tubes à fumées toxiques, pétrole enflammé, gaz asphyxiants, etc. Ce que l'on sait moins, c'est que les *feldgrau*, dans le

1. Pour ne pas mourir asphyxié, pour ne pas sentir cette odeur nauséabonde, un seul moyen, fumer. « J'ai ainsi utilisé tout mon stock de tabac… » Le témoin précisait que les médecins du fort, lui avaient préconisé d'allumer une bougie et de placer son visage au-dessus, mais sans résultat tangible. Témoignage, Verdun, 1984.

2. Témoignage du médecin Gaillard du 142e RI.

3. Monsieur Perpigna, ancien combattant du fort de Vaux, était président national des prisonniers de guerre de 14-18.

couloir d'accès au fort, montaient pieds nus, de façon à ne pas être entendu, mais l'éveil fut donné par des boîtes de conserves vides, jetées là par hasard.

Bien qu'assiégé le fort continue de communiquer avec l'arrière au moyen de signaux optiques qui sont reçus au fort de Souville, lorsque la visibilité le permet. Le dernier recours pour envoyer un message reste le pigeon. Le 4 juin, le commandant Raynal expédie son dernier pigeon, porteur d'un message court mais pathétique : « Tenons toujours, mais subissons une attaque par les gaz et les fumées très dangereuse. Il y a urgence à nous dégager… C'est mon dernier pigeon ».

Ici, il est utile de citer un héros méconnu de la bataille de Verdun, le « pigeon soldat ». Celui du fort de Vaux est devenu une célébrité dans l'histoire des transmissions militaires françaises.[1] Né en 1915, le pigeon numéro matricule 787-15 est un des 30 000 pigeons enrôlés par l'armée française au cours de la Grande Guerre. En juin 1916, il est au fort de Vaux assiégé par l'infanterie d'assaut allemande. Il entre dans l'histoire en apportant à la citadelle de Verdun le dernier message du commandant Raynal.

Dénommé « le Vaillant », il disparaîtra à la suite de cet exploit légendaire. Il est le seul pigeon voyageur à avoir obtenu une citation à l'ordre de l'armée, représentée par une bague d'honneur. La citation est élogieuse et ressemble à celle attribuée à un combattant : « Malgré des difficultés énormes résultant d'une intense fumée et d'une émission abondante de gaz, a accompli la mission dont l'avait chargé le commandant Raynal. Fortement intoxiqué, est arrivé mourant au colombier ». Son corps empaillé est visible au musée de la colombophilie du Mont Valérien.[2]

On l'aura compris, les pigeons étaient visés par des tireurs d'élite qui les abattaient sans pitié. Les Allemands, pour sauver ces volatiles de la balle cruelle, les badigeonnaient avec un colorant noir, pensant ainsi les faire passer pour d'inoffensifs corbeaux. Ce fait a été plusieurs fois confirmé par les témoins. Le soldat J. Picot, affirme ainsi avoir abattu un de ces oiseaux noirs : « Ce n'était pas un corbeau, mais un pigeon porteur d'un papier et teint en noir. Je pensais plutôt à une corneille, car il avait un

1. Le véritable organisateur de la colombophilie aux armées fut le lieutenant Leroy-Beaugue. Le 28 février le GQG organise le service des pigeons voyageurs militaires, pendant que l'établissement de la télégraphie militaire met au point tout le matériel colombophile : paniers de transport, arabas, colombiers, stockage des graines, camions spécialisés, etc.

2. Le pigeon voyageur a été pendant la guerre, l'auxiliaire du poilu. En raison des services qu'il a rendus, il appartient désormais à l'armée et a obtenu le titre d'auxiliaire de la défense nationale. Phrase gravée dans le marbre d'un monument dans le Nord de la France, suivi de la devise des pigeons militaires : franchir ou mourir.

petit corps » [1]. Enfin dès le mois de juin 1916, une autre activité fut confiée à ces ramiers, celle de prendre des photographies des dispositifs ennemis, grâce à un appareil léger à déclenchement automatique fixé sur leur poitrine. Certains ont rapporté des clichés magnifiques du plus grand intérêt opérationnel.

Dans le fort, la garnison résignée n'a plus d'eau. L'absence de ce liquide vital devenait pour les combattants une souffrance intolérable. Le commandant envoie un dernier message optique, le 6 juin, afin d'indiquer l'extrême état de faiblesse des défenseurs. Puis le fort se tait. Isolés de tous, les liaisons coupées, plus de pigeon, les hommes luttèrent jusqu'au 7 juin à six heures. Au petit matin après quelques heures de négociation, Vaux se rend aux Allemands[2]. Auparavant, vers 3 heures un dernier message est perçu par le poste de signaleurs du fort de Souville : Ne quittez pas. Et puis plus rien, le fort ne parlera plus…

Dans le fort, le commandant rassemble ses hommes et leur dit : « C'est fini mes amis, vous avez fait votre devoir, merci ». Et dans un même élan tous ces pauvres soldats s'écrièrent : Vive la France.

Dans la nuit du 6 au 7 juin, le sous-lieutenant Fargues tente de parlementer avec l'ennemi dans une casemate du sud-ouest de l'ouvrage. Tentative qui échoua. Puis vers cinq heures, un poilu, le clairon Coste sort du fort par une brèche ouverte par un obus. La sonnerie réglementaire de reddition ne donne pas davantage de résultat. Le clairon se hisse alors sur l'ouvrage et claironne de toutes ses forces. Une heure plus tard le lieutenant Bénazet, drapeau blanc en main, sort de la redoute en hurlant : *Soldaten Schiessen Sie nicht,* soldats ! ne tirez pas. Un officier allemand apparaît. Immédiatement, le lieutenant allemand Müller-Verner entre dans le fort. Il est suivi de pionniers (téléphonistes, sapeurs du génie) s'éclairant avec des piles électriques.

Un silence lourd s'étend dans le fort. Les parlementaires allemands pénètrent dans l'ouvrage et en compagnie d'un interprète (lieutenant Bénazet) acceptent la reddition. Les *feldgrau* n'avaient progressé que de soixante mètres à l'intérieur de l'abri. Il est vrai que pour les soldats allemands l'horreur a atteint un niveau effroyable. Un ancien sapeur allemand[3] a écrit à ce sujet : « Nous avons payé très cher la conquête de la forteresse. Des jours et des nuits, nous n'avons été que des bouchers et quand le chef du fort et ses soldats sont passés devant nous, j'ai constaté qu'eux

1. Témoignage recueilli en 1994.
2. Chose étonnante, c'est par un radiotélégramme allemand que le commandement français apprendra la chute du fort : « Le fort cuirassé de Vaux est occupé par nous le 7 juin ».
3. Témoignage de H. Wolf. Source BDIC.

aussi ils avaient payé cher la défense de ces pierres… L'intérieur était ignoble, pestilentiel : fumée de mazout, murs noircis, cadavres, infirmerie peuplée de blessés où régnait une odeur de chlore et de pourriture… » H. Meuth[1] lui m'affirma que ses compagnons avaient demandé et obtenu une double ration de tabac, afin de pouvoir masquer l'odeur ambiante dans l'ouvrage.

Le régiment capteur est l'IR 158, et la troisième compagnie est entrée la première dans le fort avec à sa tête le lieutenant K. Rackow. L'acte de reddition sera signé par le sous-lieutenant Müller-Verner. Mais comme pour la prise du fort de Douaumont du côté allemand, il existe une polémique : quel est celui parmi les deux officiers susnommés, qui doit être considéré comme le preneur de l'ouvrage que les soldats allemands baptisèrent : *Steinbruch der Hölle*[2]. À tel point que mon correspondant allemand, H. Meuth dans une lettre du 28 novembre 1989, m'a précisé la chose suivante : « La prise du fort de Vaux fut attribuée au lieutenant K. Rackow, parce qu'il était officier d'active, alors que le véritable vainqueur fut le sous-lieutenant Müller qui lui, n'était seulement qu'officier réserviste. Grâce à l'indélicatesse nécessaire à cela (sic) et à de bonnes relations, on peut arriver à beaucoup de choses. Je me rappelle que quelques années après-guerre des voix se sont élevées pour critiquer cela. Il est facile d'imaginer que le lieutenant Rackow du fort de Vaux et le lieutenant von Brandis (du fort de Douaumont) bénéficiaient des mêmes avantages ou d'avantages semblables » [3].

Les conditions de reddition sont débattues au PC du commandant. Puis l'acte sera signé et il comportera de nombreuses conditions : avec les honneurs de la guerre, objets personnels laissés aux possesseurs, soins apportés aux blessés, etc. Le commandant Raynal après avoir signé, écrit alors de sa main la phrase idoine : « Je remets les locaux et parties d'ouvrage encore en mon pouvoir dans le fort de Vaux aux troupes allemandes. Date et signature ». À ce propos, il faut signaler une anomalie qui ne fut remarquée par aucun des signataires, l'acte est daté du 7 mai 1916 (au lieu du 7 juin).

Après la signature de l'acte, une équipe de spécialistes allemands vient vérifier les installations de l'ouvrage. « Ils passent au milieu de nous et ils nous saluent gravement. Les larmes me montent aux yeux et nous

1. C'était un ancien combattant du fort de Vaux, mais comme il le disait, de l'autre côté. Témoignage 1986.
2. Soit la carrière de l'enfer.
3. Lettre traduite, en respectant le texte, par S. Petermann de Mayence.

partons vers la captivité avec notre bidon et notre musette. À la sortie de l'abri, un obus de 75 français attardé nous salue et fait quelques blessés... » [1]

En effet, dès le paraphe du document officiel de reddition effectué, les soldats français évacuent le fort dans un silence absolu, il est alors huit heures. Les hommes du 39e *Fusiliers-Regiment* de Düsseldorf forment une haie, présentant les armes ou saluant les miséreux poilus qui partent vers les lointains camps de prisonniers d'Allemagne[2]. De cette caverne infernale, environ 220 poilus exténués, la plupart blessés, tous minés par la soif et la fatigue, intoxiqués par les liquides enflammés, descendent les pentes du fort. L'évacuation de ces hommes se fit par une brèche au nord-ouest de l'ouvrage. Tout autour de la sortie, des trous d'obus contenaient de l'eau. Tous se jetèrent sur cette eau... où se mêlaient pourtant vase et cadavres !

Le témoin H. Meuth écrivait : « Au sortir du fort, les Français étaient éblouis par la lumière. Puis soudain, ces prisonniers se dispersèrent, courant droit devant eux, indifférents aux ordres. Nous étions prêts à faire usage de notre arme. Notre officier se ravisa, car les hommes s'étaient rués et avec des lapements de bêtes buvaient de l'eau, de l'eau croupie... » [3]

Le soldat F. Viviés racontait sa sortie du fort et celle de ses camarades : « La journée était splendide, le soleil radieux. Dans la nuit, un orage avait rempli les trous d'obus d'eau. Mourant de soif, nous nous sommes allongés, sous l'œil des gardes qui ne nous ont rien dit, et avons bu longuement. Les soldats allemands nous donnant l'ordre de départ, je me suis aperçu que dans l'eau que j'avais bue, flottaient trois cadavres... » [4]

Pendant ce temps, le commandant Raynal est conduit au QG du Kronprinz qui le complimentera pour sa vaillante résistance. Puis il partira vers le camp de Mayence, où il sera interné, accompagné par une ordonnance et de son chien « Kiki ».

1. L. Buffet dans le bulletin de l'amicale de la 32e DI, numéro 30 du 5 janvier 1967.
2. Cette façon d'agir de la part des soldats allemands voulait représenter le respect et l'admiration envers ces combattants français, qui avaient démontré un courage exceptionnel dans la défense du fort. Et comme plusieurs témoins l'ont affirmé : « il fallait nous voir défiler la tête haute devant les *feldgrau*, malgré notre tristesse et nos souffrances ».
3. Témoin déjà cité. Il avait écrit ce texte dans une revue à l'occasion de la fête de son ancien régiment.
4. F. Viviés était le dernier survivant français connu du fort de Vaux. Lors de chaque pèlerinage annuel à Verdun, il passait ses journées au fort, et de temps en temps, il s'isolait dans un couloir, afin disait-il, « de se retrouver avec ses camarades ». Son séjour était principalement consacré aux photos, à la dédicace de cartes postales ou d'enregistrements télévisuels du monde entier.

L'agonie du fort est décrite dans un récit en Allemagne, sans doute tendancieux, mais qui rend tout de même hommage à la défense et la résistance des soldats français. Forcément dithyrambique, propagande oblige, il signale néanmoins que « chez les Français se sont multipliés les signes de faim et de soif... Aujourd'hui au petit matin, la garnison s'est rendue. Les prisonniers qui commencent à arriver ici sont la vivante image de la désolation... » [1]

La presse et l'état-major français ne révèlent pas le véritable vainqueur du fort. Pourtant il doit être clairement nommé : le véritable vainqueur c'est la « soif ». D'ailleurs un texte récemment découvert, émanant d'un correspondant de guerre auprès de l'état-major allemand le précise : « Les hommes non blessés depuis deux jours n'avaient plus une goutte d'eau à boire, un soldat mourant de soif ne pouvait plus combattre dans ces conditions[2]. » Et j'ajouterais que les causes de la chute du fort sont également imputables à une certaine carence de l'artillerie française et à la surpopulation dans l'ouvrage.

Pendant l'occupation allemande, la redoute fut l'objet d'améliorations. Le service du génie apporta le matériel nécessaire pour l'éclairage de l'ouvrage. Les pionniers ont exécuté pendant leur séjour de nombreuses réparations. Ainsi ils bâtirent une réserve d'eau bétonnée de six cents litres, encore visible de nos jours, et réparé une des deux citernes existantes. Vaux est perdu momentanément, mais Vaux sera repris le 2 novembre 1916. Le fort vide de ses occupants allemands (encore une fois), sera investi par les troupes françaises. L'état-major allemand l'ayant fait évacuer sans attendre notre offensive. D'ailleurs le 2 novembre, jour de l'assaut, une radio allemande faisait connaître que l'ouvrage était évacué. Les poilus rentrant dans le fort retrouvèrent en très bon état toutes les parties précédemment endommagées et une réserve de plus de mille deux cent bouteilles d'eau minérale gazeuse (*Mineralwasser*).

Telle est l'histoire du fort de Vaux, mais il est important d'évoquer un fait peu connu : celui de l'attitude du responsable du fort, le commandant Raynal.

Tout d'abord, ce chef a tenté d'accréditer (après l'Armistice) la thèse selon laquelle la chute du fort serait uniquement due à une « comptabilité mal tenue de l'eau ». Ce thème fut largement repris par la littérature et le cinéma d'après-guerre. Cette thèse ne résiste pas à un examen sérieux. Comment croire qu'au cours de cette lutte homérique, on puisse tenir une comptabilité du stock d'eau comme dans une caserne en temps de paix !

1. Article signé par K. von Riden, correspondant de guerre de la *Breisgauer Zeitung* du 9 juin 1916.
2. Document aimablement prêté par un collectionneur.

Le témoignage suivant est accablant. Il émane du capitaine et écrivain H. Bordeaux, qui au cours d'une visite au fort de Vaux le 14 mars signale au commandant Raynal : « je lui fais remarquer qu'il y a trop de monde (dans le fort) et qu'on manque d'eau… » [1] De plus H. Meuth prétend, et cela reste à confirmer, que lors de la reddition, les officiers de son régiment ont pu noter l'existence d'un bidon de cent litres plein d'eau dans le bureau du commandant[2]. Interrogé, le responsable de l'ouvrage répondit que cette eau servait à désaltérer les pigeons du fort !

En fait dans l'idée de s'attribuer la gloire de la résistance du fort, le commandant a tenté de nier sa responsabilité.

Autre fait marquant, celui de l'histoire d'un jeune sergent. Ce dernier dirigeait un poste de mitrailleuses dans une gaine du fort. Le 5 juin, il céda sous la pression de l'ennemi. Un témoin raconte[3] : « Ce jeune sergent ne put malgré un cran certain, tenir sous une avalanche de grenades et de *Flammenwerfer.* La situation devint grave. Le supérieur de ce sous-officier fit, avec un réel désespoir, la relation de cet incident au commandant Raynal. Celui-ci, réunissant en hâte tous les officiers tint un rapide conseil de guerre et demanda que le sergent soit immédiatement passé par les armes, « pour l'exemple ». Votre mari (le lieutenant Alirol) obtint la grâce à une certaine condition, que la sanction suprême soit abandonnée. Aussitôt il alla trouver le sergent et de sa calme autorité l'enjoignit de rétablir le barrage forcé. Ce qui fut réalisé sans aucun autre incident… » [4]

Un autre officier du fort de Vaux, le commandant Bazy n'hésite pas à écrire le 4 novembre 1952 : « Le commandant Raynal n'est plus. Il n'est pas dans mes habitudes d'égratigner un cadavre. Cependant je n'hésite pas à déclarer – parce que cela est vrai – que si notre ancien chef n'avait pas fait preuve d'un égoïsme et d'une ingratitude insigne, il y aurait 30 ans que nos valeureux collaborateurs seraient récompensés selon leur mérite… » [5]

Ces documents, parmi tant d'autres, confirment en tout point le grief que l'on peut porter à l'encontre du commandant Raynal. Si celui-ci a obtenu une des plus honorifiques décorations et un avancement en grade,

1. Témoignage paru dans le tome V, *Douleur et Gloire de Verdun* (21 février 1916 – 2 janvier 1917), faisant partie de la série Histoire d'une vie.
2. Cette assertion figure dans de nombreux ouvrages sur l'histoire du fort en Allemagne, notamment dans celui intitulé : *Das Ringen Um Fort Vaux* (1919).
3. Il s'agit du lieutenant P.A. Roy dans une lettre du 28 avril 1928 à la veuve du lieutenant Alirol, autre ancien défenseur du fort. À noter que le lieutenant Roy est l'auteur d'un des meilleurs ouvrages sur l'histoire de Vaux, intitulé : *Avec les honneurs de la guerre* (1938).
4. Document obligeamment prêté par E. Averseng, descendant d'un combattant du fort de Vaux.
5. Collection particulière.

ses soldats n'ont eu droit qu'à oublier leur souffrance morale et physique, sans aucune reconnaissance de la nation.

Un document, genre de pétition du 7 juin 1936, précise certaines choses: « La pétition ci-dessous émanant d'authentiques défenseurs du fort de Vaux, parmi lesquels figure le nom du glorieux aspirant Buffet, sera une dernière citation pour notre triste colonel[1] et confirmera le témoignage accablant paru dans notre numéro de mars 1936. Les anciens combattants du fort de Vaux vous ordonnent, en ce jour du vingtième anniversaire de ces sanglants combats, de garder définitivement le silence... Les survivants de juin 1916 entendent faire respecter, par tous les moyens, « leurs droits incontestables » (souligné dans le texte), et la mémoire de leurs camarades morts au champ d'honneur ou en captivité. Ils vous interdisent, en un élan unanime, de monnayer leur gloire et leurs misères passées » [2]. Ce texte est suivi d'une cinquantaine de signatures.

Le rôle d'un chef est sûrement de sévir, mais aussi de récompenser ceux qu'il dirige lorsque, et cela est une évidence, ils l'ont mérité. Le commandant, aurait dû intercéder auprès des différents ministres des anciens combattants afin que ses hommes puissent obtenir une juste récompense. Surtout que l'état-major avait été conscient de la glorieuse résistance des défenseurs du fort, puisque dès le 6 juin, il avait adressé ce message à Raynal: « Le commandant en chef adresse au commandant du fort ainsi qu'à sa troupe l'expression de sa satisfaction pour la magnifique défense contre les assauts de l'ennemi... ». Le même jour à 21 heures, un message optique est envoyé au fort, ainsi libellé: « Le commandant Raynal est fait commandeur dans l'ordre de la Légion d'honneur ».

Devant l'indifférence de Raynal, le commandant Bazy avait contacté le ministre Coste-Floret en 1952, au sujet d'une récompense pour les survivants du fort. Il termina son intervention par: «...Il faut aller vite monsieur le ministre pour remettre les décorations à ces valeureux défenseurs, sans quoi vous n'auriez à les remettre qu'à titre posthume... »

En fait, ces poilus du fort de Vaux ne furent jamais récompensés. Mon grand-père, comme ses anciens camarades, n'eut pas de reconnaissance de la nation, ce qui l'irritait. Notre association a réussi à obtenir la médaille militaire pour le dernier survivant, monsieur Viviés, en 1990, et encore après de nombreuses et difficiles démarches. Pourtant la résistance des poilus à l'intérieur du fort de Vaux reste l'épisode le plus marquant de cette terrible bataille de Verdun. « Sous le feu impitoyable des armes modernes, dans une atmosphère empoisonnée par les gaz toxiques, face aux attaques

1. Le commandant Raynal avait été entre temps promu colonel.
2. Collection particulière.

des lance-flammes, le courage de ces hommes rappelle celui de leurs ancêtres de Crimée… », écrivait le général Pétain en 1934.

Lors du pèlerinage national annuel à Verdun, je termine ma présentation du fort par une phrase qui résume bien la lutte de ses défenseurs : « C'est en ce lieu que des soldats français ont donné la définition de l'héroïsme, en souffrant de tout, en résistant à tout et à tous, en mourant… »

LA TRAGÉDIE DU TUNNEL DE TAVANNES

« Verdun est un hachoir de vies humaines... »
G. Canini.

L'histoire du tunnel de Tavannes débute après la guerre de 1870. Jusque-là, la ligne de chemin de fer venant de Châlons-sur-Marne s'arrêtait à Verdun. Après ce conflit, elle fut prolongée vers Metz et sa construction nécessita le percement d'un tunnel au lieu-dit Tavannes[1]. Ce que l'histoire n'a pas retenu, c'est qu'à la suite du traité de Francfort (10 mai 1871), cette ligne Verdun-Metz dut rester à voie unique, tant que dura l'annexion de l'Alsace et la Lorraine.

À proximité se trouvait en 1914, la fontaine qui devait approvisionner en eau le fort de Vaux proche, une chapelle et enfin l'ouvrage de Tavannes[2]. Cet abri était moins solidifié que ceux de Vaux et Douaumont. Ouvrage de seconde ligne, relativement découvert, il empêchait les troupes allemandes de s'en approcher. Mais la proximité du fort de Vaux, lui valut de terribles et incessants bombardements.

Mais revenons au tunnel de Tavannes. Pour défendre la place de Verdun, le commandement disposait de troupes de défense fixes occupant les forts. Des pièces d'artillerie sous tourelles dans les ouvrages et de nombreuses

1. Le nom de Tavannes serait issu de celui du maréchal de Tavannes, nommé gouverneur de Verdun en 1552 et qui fut chargé de renforcer les défenses de la ville.
2. La légende prétend que c'était une fontaine sacrée du paganisme dans laquelle on jetait des pièces de monnaie ou des épingles. Cette source avait des vertus particulières comme la guérison d'enfants malades ou le pouvoir de faciliter le mariage des filles du pays.

batteries assuraient un barrage de feu puissant. Mais la portée des canons ne permettait pas d'atteindre des objectifs ennemis éloignés, tels ceux qui sont établis dans la forêt de Spincourt[1]. C'est pour remédier à cette situation que l'état-major eut l'idée d'utiliser le tunnel. Cet abri permettait d'abriter un canon qui, installé sur un wagon, était amené au plus près des lignes et pouvait ainsi tirer le plus loin possible. À la faveur de la nuit, la pièce lourde effectuait les tirs prescrits et était garée ensuite sous le tunnel à l'abri du contre tir allemand. Ce stratagème mis en place dès 1915, ne put malheureusement durer très longtemps. Et puis avec l'offensive allemande de février 1916, la situation du tunnel devint critique, surtout après la chute du fort de Douaumont, car il pouvait à tout moment, être pris de flanc ou à revers.

Le tunnel devint ainsi un asile pour les soldats luttant dans les environs ou envoyés au repos. L'ennemi se doutait bien que cet ouvrage devait être un formidable abri, dans lequel le commandement français pouvait installer des postes de secours et des réserves. Aussi les secteurs d'entrée et de sortie, les abords du tunnel devenaient l'objectif de très nombreux canons, et étaient soumis à un effroyable bombardement de jour comme de nuit.

Long de mille cinq cent mètres, profondément enfoncé dans une colline du même nom, le tunnel était un abri sûr contre les bombardements. Il joua le même rôle que le fort de Douaumont pour les troupes allemandes, c'est-à-dire un abri de premier ordre, tant pour le personnel que pour le matériel. Postes de commandement, de secours s'y étaient entassés pêle-mêle avec des dépôts de toutes sortes et des territoriaux chargés de l'entretien et des communications. Le tunnel servait en outre d'abri pour les troupes en réserve du secteur, ce qui portait la population occupante à environ 4 000 hommes[2]. À cette époque, lorsque les soldats montaient aux premières lignes, il existait un point psychologique, marqué géographiquement par le tunnel de Tavannes. P. Chaîne[3], écrivain de la Grande Guerre décrit le tunnel : « On ne saurait exagérer le rôle que joua ce tunnel dans la défense de Verdun. C'était le seul abri pour les réserves, les blessés, les munitions et les vivres. On y goûtait la satisfaction de sentir une montagne sur sa tête… »

1. Forêt située au nord-est de Verdun. À l'intérieur savamment camouflé, on trouvait un canon de 280, celui-là même qui projeta un obus près de la cathédrale de Verdun le 2 février. Également le génie allemand avait bâti, à l'abri des futaies, un village secret jouxtant une centrale à béton, chargée de tester la résistance des ouvrages en béton armé. Là travaillaient des prisonniers russes et des déportés civils du ZAB de Flabas.
2. Rappelons que le rythme de vie des unités du secteur comprenait en principe : 4 jours de « ligne », 4 jours de repos aux casernes Bevaux à Verdun, et 4 jours en réserve dans le tunnel.
3. P. Chaîne est connu pour son ouvrage *Mémoires d'un rat* (1917).

Lorsque les poilus atteignaient ce prétendu abri de repos que représentait cette galerie souterraine, que trouvaient-ils ? La plus grande partie de ce long couloir était constamment plongé dans l'obscurité. De simples quinquets fumeux révélaient des montagnes d'approvisionnements, un remue-ménage et un grouillement d'hommes, un bruit assourdissant, un monde mystérieux. Plus loin un éclairage partiel avait été réalisé au moyen d'un moteur à essence. La partie éclairée était restreinte et comprenait uniquement quelques logements. Et comme souvent en pareil cas, un travail hâtif est à la base de vices de construction. Les sapeurs avaient en effet établi les câbles à forte tension dénudés, à proximité immédiate des installations pour les hommes. Plusieurs cas mortels d'électrocution poussèrent le commandement à apporter les modifications nécessaires, afin d'améliorer la sécurité des soldats. Enfin un puits d'aérage (antérieur à la bataille) avait été obturé par des toiles afin de parer à toute pénétration éventuelle de gaz de combat.

Des couchettes étaient installées sur trois étages en travées de cent mètres, séparées par des espaces vides. Mais les soldats trop nombreux, dormaient et vivaient sur les rails et les traverses du chemin de fer. Lors du percement du tunnel, il avait été prévu des rigoles d'écoulement pour recueillir les eaux de condensation et d'infiltration. Malheureusement bouchées, la raison est encore inconnue, ces rigoles ne permettaient plus l'évacuation des liquides. Aussi le sol de l'ouvrage fut rapidement transformé en un marécage de boue fétide. L'air y été devenu irrespirable, les ordures, les excréments s'accumulaient dans une fange nauséabonde, les mouches pullulaient, et les hommes sortaient de cet endroit pâles et exténués. Le capitaine Delvert[1] raconte : « Des tinettes, des mares infectes d'urine. L'air est fétide, lourd d'une odeur de sueur et d'excréments à se trouver mal. Une nuit passée là et les hommes sont pâles, ne pouvant se tenir sur leurs jambes… ». L'air était ainsi empoisonné par des émanations malsaines ce qui provoqua de nombreux cas d'une sorte d'ictère particulière nommée la « jaunisse du vidangeur ».

Une question se pose alors, pourquoi ne pas avoir essayé de nettoyer ces véritables écuries d'Augias ? La réponse nous est fournie par le général Rouquérol dans un de ses ouvrages : « On dut y renoncer suite à l'observation du service de santé, d'après laquelle l'agitation de la boue et des eaux polluées causeraient de nombreuses maladies. Il fallut se contenter de répandre dans les endroits les plus malpropres de la chaux vive » [2].

1. C. Delvert est l'auteur de nombreux livres sur la bataille de Verdun, notamment *Carnets d'un fantassin* (1920).

2. Le général Rouquérol rédigea de nombreux ouvrages sur la Grande Guerre, axés surtout sur la technique et la stratégie militaire.

Et puis comment évacuer ces immondices où les asticots se contorsionnaient, et les quelques cadavres tristement allongés au sol ? L'issue principale était régulièrement pilonnée par l'artillerie allemande, qui, par des tirs très précis, déversait des tonnes d'obus !

Car ce lieu de passage voyait défiler les ravitailleurs, les agents de liaison, les relèves et les blessés. Aussi sur une zone de dix à quinze mètres devant l'entrée du tunnel, les artilleurs teutons projetaient des obus de moyens et gros calibres.

Je l'ai dit, les hommes étaient à l'abri de la mort dans ce couloir souterrain, enfin en principe… Car dans la nuit du 4 au 5 septembre, vers vingt et une heures, une violente explosion se produisit à la sortie ouest du tunnel. Un dépôt de grenades placé près de cette issue prend feu. La cause semble aujourd'hui établie. Cette véritable catastrophe est due à un fumeur impénitent, qui a laissé choir un de ses mégots près d'un amas d'explosifs[1].

Des flammes se propagent alors vers des bidons d'essence utilisée pour le fonctionnement du générateur d'électricité. En quelques secondes le feu se propage aux couchettes en bois qui s'embrasent rapidement. L'incendie, la commotion sèment la panique et la mort dans cette caverne infernale où toute fuite est impossible. Le soldat et philosophe Alain[2] note en spectateur : « L'explosion ou plutôt l'éruption nous tint stupides… De telles choses nous laissent sans pensée et on se demande si l'on n'a pas rêvé, mais ce jour-là nous eûmes le temps d'éprouver l'effet de surprise, car cette explosion dura plus de deux heures… ».

Puis une épaisse fumée envahit l'autre partie du tunnel. Les masques à gaz sont inefficaces contre la nappe de gaz et d'oxyde de carbone qui se répand tout le long du couloir. Les témoins extérieurs affirmeront qu'il leur était impossible de pénétrer dans l'abri. Les survivants qui ont pu parvenir à l'autre extrémité (face à l'ennemi), hésitent à sortir car, le bombardement allemand est très intense.

L'adjudant Arnoux, occupant un abri à proximité témoigne : « Vers vingt-deux heures, des hommes à demi asphyxiés et à demi vêtus surgissent du tunnel par petits groupes. Nous les recueillons et les dirigeons vers un abri près de la fontaine de Tavannes. Des nappes de fumée montent haut dans le ciel. Dans la nuit, avec quelques hommes de ma compagnie, nous essayons d'entrer dans le tunnel. Nous nous heurtons alors à d'effroyables tas de cadavres noircis et calcinés… » [3]

1. Des affiches rappelaient pourtant l'interdiction formelle de fumer près de ces stocks d'engins de guerre.
2. Âgé de plus de 40 ans, il avait tenu à s'engager pour 4 ans, il « jugera » la guerre.
3. Dans *La victoire de Verdun*. Livret du service géographique des armées (1921).

L'ignoble bûcher souterrain continuera pendant de nombreux jours à consumer ces pauvres cadavres. Le bilan de cette tragédie est terrible, plus de 500 soldats laissèrent leur vie dans ce couloir de la mort[1].

« Deux compagnies de territoriaux sont particulièrement éprouvées, normands pour la majorité et presque tous pères de familles. La douleur des survivants fait peine à voir… », selon l'historique du 356e RI.

Ce sinistre produisit une impression des plus pénibles sur les troupes qui occupaient les secteurs environnants. Car elles avaient l'habitude de trouver là une protection efficace et un repos complet sous cette voûte. Le déblaiement du tunnel et la réfection des installations intérieures commencèrent très rapidement. Le génie militaire n'employa alors que des matières résistantes au feu.

À la fin de la guerre, à proximité de l'issue tragique du tunnel, fut établi un cimetière : le cimetière de la Maisonnette, situé près de la petite maison du garde-barrière. Cette nécropole renfermait les corps des victimes de l'explosion. Les dépouilles et ossements calcinés ont été déposés là en tombes isolées ou dans des fosses communes. Dans les années 1930, ce cimetière ayant été supprimé, les restes de ces poilus ont alors été déposés à la nécropole de Dugny, au nord de Verdun.

En 1936, un nouvel ouvrage fut percé afin de remplacer celui qui avait tant souffert de l'explosion. La façade de l'entrée principale du tunnel de Tavannes a été reconstituée au moment du creusement de celui qui est toujours en service de nos jours.

La bataille de Verdun connut de nombreuses et tragiques explosions. Celle de la place d'Isly, au centre de la ville le 3 avril 1916, où 375 soldats de l'infanterie territoriale périrent. Celle, on l'a vu, du fort de Douaumont, et enfin celle de l'abri des quatre cheminées[2] le 8 août de la même année. Un obus allemand explosa ce jour-là, à l'intérieur du couloir d'accès de cet abri. Les soldats, majoritairement des blessés périrent à l'intérieur, complètement carbonisés et étouffés par les émanations de l'explosif contenu dans l'obus. On estime aujourd'hui à un peu plus de 250 le nombre des tués.

1. Les régiments touchés par ce drame sont : les 18e, 24e, 356e et 369e RI, ainsi que des membres du 4e génie. Rappelons que les territoriaux rassemblaient les classes les plus âgées des combattants. Ils n'étaient pas censés combattre, mais les nécessités de la défense nationale les amèneront progressivement à participer à la lutte.
2. Ce poste de secours, près du fort de Froideterre, long de 80 mètres, doit son nom aux quatre puits de ventilation émergeant du sol et rappelant des sommets de cheminées.

LE MYSTÈRE DE LA TRANCHÉE DES FUSILS

«… La gêne instinctive qu'avait celui qui a réellement vécu les dures épreuves de la bataille de Verdun, à en parler… Il avait peur d'exagérer… »
Colonel Créange[1].

Il n'est pas un ouvrage sur la bataille qui ne cite l'épisode, devenu légendaire, de la tranchée des fusils, plus souvent dénommée la « *Tranchée des Baïonnettes* ». Chaque auteur devrait néanmoins éviter de tomber dans le lyrisme, qui n'est pas de mise ici, mais puiser ses sources dans les événements officiels du 10 au 13 juin 1916, afin d'expliquer le drame vécu par des soldats d'origine vendéenne. La bataille de Verdun a été abondante en scènes héroïques, en visions d'apocalypse, en moments de destruction humaine, sans qu'il soit besoin d'ajouter des légendes. Une chose est incontestable, celle de la matérialité du fait qu'attestent les photographies prises après les combats. Ce ne sont pas des compositions d'artiste, des dessins où l'imagination aurait investi le maître. C'est la réalité saisie dans sa dureté. Autre source dont on ne peut contester la véracité, celle d'un auteur resté célèbre dans la relation de cet événement, le Chanoine Polimann[2].

1. Le colonel Créange fut pendant de longues années président de la Fédération Nationale de « Ceux de Verdun ». Cette association regroupait les anciens combattants de Verdun. De nos jours elle rassemble toutes celles et ceux qui désirent pérenniser le souvenir des Poilus de Verdun et organise un pèlerinage annuel et national en juin dans la ville de la Paix.
2. Le Chanoine Polimann, du diocèse de Verdun fut en effet lieutenant lors de ce combat. Il était en outre député de la Meuse, et coopéra à la rédaction d'un livre sur ce fait de guerre intitulé : *Le 137e RI pendant la guerre 14-18, par un soldat* (1936).

Après l'assaut allemand, la prise du Bois des Caures, du fort et du village de Douaumont, de Vaux, l'opinion publique croit en l'effondrement de l'armée française. Car sur la rive gauche de la Meuse, les troupes allemandes avancent toujours et menacent de prendre la ville de Verdun en tenaille. C'est dans ce contexte particulier que va se dérouler l'épisode de la tranchée des baïonnettes le 12 juin 1916. Que s'est-il réellement passé ?

Cette fameuse tranchée se trouve sur une colline surplombant le ravin de la Dame, surnommé par les poilus le « ravin de la mort » [1]. Les soldats ensevelis dans cette zone appartenaient au 137e RI (Fontenay-le-Comte), un régiment composé majoritairement de vendéens et de bretons. Les hommes faisaient partie des troisième et quatrième compagnies et défendaient le secteur depuis quelques jours seulement. Pour respecter la légende, j'emploierai le terme de tranchée, quoiqu'il s'agissait d'un boyau de première ligne, constitué d'une succession de trous d'obus plus ou moins bien reliés entre eux.

Le dimanche 11 juin (c'était alors le dimanche de Pentecôte), les soldats subissent un effrayant bombardement, dès l'aube. Les pertes sont terribles, en raison du manque d'abris. Et comme souvent dans cette situation, les combattants n'ont ni le temps, ni les moyens d'enterrer les morts. Durant la Grande Guerre, les poilus avaient pris, en effet, l'habitude de repousser les corps sur les bords des trous d'obus ou de les entasser dans un coin de la tranchée.

Les troupes allemandes ne cessent d'attaquer le 12 juin et ce, dès cinq heures du matin. Le lieutenant Polimann commande les survivants de la troisième compagnie. Les assauts continuent le 13, et les *feldgrau* utilisent des grenades, les lance-flammes. Entre les attaques, les poilus font l'inventaire des munitions, ils n'ont pas le loisir de s'occuper des morts et des blessés dont les cris et les plaintes rendent l'atmosphère sinistre.

Les rares survivants n'ont presque plus de munitions, de vivres, d'eau. Ils ont atteint les limites de la résistance physique et morale, surtout que les cadavres délivrent une odeur pestilentielle. Le lieutenant constate que sa compagnie est complètement entourée par l'ennemi. Et comme si le destin s'acharnait contre ces combattants, voici qu'un obus français éclate parmi eux, augmentant le nombre des pertes. Compte tenu de la situation, le lieutenant Polimann et les survivants se rendent aux Bavarois.

1. Cette appellation n'est pas unique, on rencontre des ravins de la mort, sur tous les champs de bataille de la Grande Guerre. Ce surnom attribué par les combattants, signifiait que dans ces lieux, se trouvaient de nombreux cadavres et surtout que le secteur avait été particulièrement meurtrier.

Tout est fini. Le lieutenant déclara plus tard dans un des numéros de *l'Almanach du Combattant*[1] : « Prisonniers, nous laissions nos morts et nos armes. Nos morts continuaient à monter la garde, les armes appuyées contre le parapet jalonnaient la ligne… Les morts jonchent le sol du boyau occupé par la troisième compagnie, il y en avait une soixantaine… ». La suite prouvera que le nombre exact de cadavres est de cinquante-sept. Toujours selon ce témoin, lorsque les « nettoyeurs de tranchée » allemands eurent pris possession de ce bout de champ de bataille, ils se contentèrent de recouvrir de terre les corps des soldats français, et en guise de croix, ils placèrent à côté des dépouilles, un fusil dressé[2].

Voyons maintenant la naissance de la légende qui voudrait que « des soldats soient morts et enterrés debout le fusil à la main ! »

En janvier 1919, le colonel Collet, ancien officier du 137e RI visitait les lieux de combat de son régiment en 1916. Selon d'autres historiens, ce serait l'abbé Ratier du même régiment, brigadier brancardier à Verdun. Revenu sur le champ de bataille, à la même période pour y relever des corps, il aurait découvert la tranchée des fusils.

Dans le sol tourmenté, à peine recouvert d'herbes, au milieu de débris de toutes sortes, d'armes et munitions abandonnées, le colonel Collet aperçoit des fusils qui émergent du sol. Quelque temps plus tard, à cet endroit, il fit ériger un modeste monument commémoratif en l'honneur de ces hommes morts dans ce que l'on appelle à l'époque la « tranchée des fusils ». Ce monument a été conservé en l'état et placé sur un tertre. Aussitôt la presse s'empara de cette affaire et elle lui donna une dimension patriotique telle, qu'elle émut l'opinion et les pouvoirs publics.

L'idée que des défenseurs, des hommes puissent reposer là, l'arme à la main, face à l'ennemi, ensevelis vivants par le bombardement enflamma les esprits. En fait, ce sont les journalistes qui créèrent cette légende, véritable mythologie de la Grande Guerre.

À la fin de l'année 1919, un riche Américain, ému par cette histoire après sa visite des champs de bataille, fonde une association pour sauvegarder la tranchée. Ce mécène G.T. Rand réunit les fonds nécessaires à l'érection d'un monument existant encore de nos jours[3]. Ce monument, dont de nombreuses personnes critiquent l'esthétique fut l'œuvre de A. Ventre,

1. *Almanach du combattant, 1937*. Rédacteur en chef : J. Péricard, directeur, G. Durassié
2. Tous ces faits ont été confirmés par des études précises sur ce combat. On peut citer le travail de F. Renaudin, et la publication de P. Gachignard, *La Tranchée des Baïonnettes* (2003).
3. Quelques jours plus tard, GT. Rand se tua en avion à Londres, mais ses héritiers poursuivront son œuvre.

inspecteur général des monuments historiques de l'époque. La construction fut menée tambour battant, puisque le 8 décembre 1920, le président de la République A. Millérandé inaugurera le monument.

Dès le début de la construction, les services de l'état civil de la sixième région militaire supervisèrent la fouille minutieuse du terrain. Les recherches débutèrent le 25 août 1920. Elles furent effectuées par des ouvriers italiens et chinois, sous une chaleur torride, au milieu des rats et des moustiques. Ces terrassiers procédèrent à une fouille minutieuse du terrain, ôtèrent les fusils et exhumèrent les corps. Les dépouilles identifiées (quarante exactement) furent ensevelies dans le cimetière de Fleury, dont l'ensemble des tombes sera transposé au cimetière national de Douaumont. Quelques dépouilles seront restituées aux familles des disparus qui assistaient à ces exhumations, dans le but de pouvoir identifier les corps.

Dix-sept corps inconnus furent réinhumés et couchés pour toujours dans la tranchée des fusils. Les fusils seront replacés en guise de décor, mais il ne s'agissait plus des armes originales.

Le terme de tranchée est, on l'a vu, impropre, car elle n'existait pas en tant que telle en juin 1916. C'était un sillon, ou tout au plus, un boyau, sans abri, sans parapet, qui n'avait rien à voir avec les tranchées de 1915. Les combattants n'ont pas attendu l'ennemi debout, mais plutôt recroquevillés ou allongés. Ce boyau n'avait pas été baptisé d'un nom spécifique, contrairement à la pratique militaire de l'époque, puisqu'il s'agissait en fait d'une position de défense improvisée.

En 1920, ce lieu symbolique s'appelait encore la tranchée des fusils, les cartes postales touristiques en authentifient la formule. Dès 1921, des journalistes, notamment ceux de la célèbre Illustration, baptisèrent ce boyau du nom de « Tranchée des Baïonnettes », la légende était née. Le vocable baïonnette avait quelque chose de plus héroïque. Elle évoquait l'attaque à l'arme blanche, si chère aux chantres de l'époque : Déroulède et Botrel. Et pour faire de ce lieu un symbole patriotique, même au prix de l'invraisemblance, la presse continua à créer la légende : « Les poilus sont morts en ce lieu, debout l'arme à la main… » De son côté, le service touristique de la ville de Verdun s'empressa d'adjoindre aux fusils les fameuses baïonnettes…

Les extraits d'articles de *l'Illustration* sont significatifs :

— 19 juin 1920 : « Des hommes, cinquante, peut-être cent, on ne sait plus, sont enterrés debout, tués par la terre qui les maintient tout droit, pour toujours dans leur geste de guerre, leur fusil demeuré contre leur poitrine, et tenant la baïonnette haute… Les morts bretons sont restés là debout… »

— 17 juillet : l'article nous démontre que le reporter spécial est beaucoup mieux renseigné. « Le drame de la tranchée des baïonnettes, entourée, mitraillée, comblée, parmi tant d'autres tranchées... ne fut guère qu'une scène isolée de la vaste tragédie de Verdun... »

— 11 décembre 1920. Le même auteur donne une autre version. « Une soixantaine d'hommes sont demeurés là, ensevelis dans l'élément de la tranchée éboulée. Les fusils étaient appuyés, baïonnette au canon, contre le parapet de la tranchée, et chacun des hommes se trouvait tout près de son fusil. Que l'arme fût tenue en main ou à portée de la main, cela n'enlève rien à la valeur symbolique de l'aspect de la tranchée devant Thiaumont... » [1]

L'opinion publique s'accommodera de cette vision des choses. Pire, les réalisateurs du portail d'entrée du monument ont inscrit dans le béton : « À la mémoire des soldats français qui dorment le fusil à la main dans cette tranchée ! » Et aujourd'hui il suffit lors de la visite du site, d'écouter certains touristes expliquer à leurs congénères qu'en ce lieu des soldats ont été ensevelis vivants, le fusil à la main.

Pourtant une analyse simpliste devrait interpeller l'opinion et certains historiens. En premier lieu, un obus n'enterre jamais, mais plutôt disperse. Puis comment expliquer que des hommes vivants se soient laissés enterrer sans essayer de se sauver, comme l'ont fait les nombreux poilus ensevelis dans un profond abri ?

Par contre, il est utile d'expliquer la position des fusils. L'hypothèse la plus vraisemblable est la suivante. Les soldats allemands, après la reddition du lieutenant Polimann et de ses hommes, rassemblèrent les corps dans les trous d'obus, et les rebouchèrent entièrement, en une sorte de fosse commune. Afin de repérer plus tard l'endroit, ils dressèrent les fusils dépassant du sol. Ce n'était pas une pratique exceptionnelle, puisque par exemple en Champagne (au lieu-dit Bois Sabot), il existe une fosse commune ainsi indiquée, au moyen de fusils émergeant du sol. Mais cette tombe collective créée par les *feldgrau* n'eut jamais la même notoriété que celle de Verdun.

Autre source irréfutable, celle des rapports du service des sépultures militaires qui précisaient : « Nous avons constaté de visu, à la faveur des fouilles que, nulle part dans la surface délimitée, on n'a trouvé des cadavres debout, l'arme à la main. On les découvrit en position du cadavre couché... »

1. Les différents articles étaient l'œuvre de « l'envoyé spécial sur place » A. Cahuet.

Enfin, je voudrai citer cet extrait de lettre de J. Le Bayon : « D'où lui est donc venu son nom à cette fameuse tranchée ? Du fait qu'on aurait trouvé, après la guerre, émergeant du sol, des baïonnettes et qu'en creusant, on aurait découvert que ces baïonnettes adhéraient à des fusils, et que lesdits fusils étaient aux mains de soldats morts du 137e. De là l'épopée, la légende ! La baïonnette au canon est toute naturelle chez le combattant. Combien d'autres parmi nos camarades sont morts la pipe à la bouche ! Est-ce qu'on va, pour cela, leur élever un monument spécial. Finissons en avec ces enfantillages qui nous font tourner en ridicule… » [1]

Au cours du pèlerinage de 1986, j'ai demandé à plusieurs anciens de Verdun, ce qu'ils pensaient de cette tranchée célèbre. Le plus grand nombre ont eu cette réponse : « La tranchée des baïonnettes, connais pas ! »

Peut-on dire que le fait immortalisé aux lèvres du Ravin de la Mort soit le seul de son genre ? Certainement non, car la légende est intervenue dans d'autres lieux afin d'embellir un fait indéniable. Mais le lecteur m'objectera sûrement : la légende est trop belle, pourquoi ne pas y croire ! Je répondrais que la réalité est assez glorieuse pour ne point avoir besoin de légende. Tout en reconnaissant que l'auteur André Gide avait raison lorsqu'il écrivait : « La mauvaise littérature n'est que trop souvent le fruit de bons sentiments ».

La « Tranchée des baïonnettes » qui n'était au début qu'une innocente naïveté, est devenue par la faute de certains une indigne imposture. Je ne citerais qu'un exemple, celui d'une affirmation dans un mensuel (très connu), paru en 1996 à l'occasion du quatre-vingtième anniversaire de la bataille, affirmant que « les baïonnettes étaient encore celles de l'époque » !

Le visiteur sera étonné de ne plus apercevoir de baïonnettes, mais des amateurs semble-t-il, ont par indélicatesse dérobé de nombreux exemplaires de ces engins. Et même de nuit, des « fouilleurs » de terrain sont arrivés à déterrer les restes de fusils, à tel point que les canons restant ont dû être scellés dans une plaque de béton armé !

1. Lettre adressée à J. Péricard en 1930. J. Le Bayon était aumônier militaire et ancien combattant du 137e RI.

L'ANNÉE 1916 ET SES INNOVATIONS

« Il faut plaindre les peuples qui renient leur passé,
car il n'y a pas d'avenir pour eux... »
Viollet-le-Duc

La Grande Guerre, on l'a oublié, a généré un vaste arsenal de nouveautés afin d'améliorer la vie quotidienne des militaires et des civils, ainsi que les techniques de combat. L'affrontement de Verdun intervint à ce titre comme un véritable laboratoire, et un champ d'expérience le plus concret. Car, aussi bizarre que cela puisse paraître, l'année 1916, qui est celle de l'enfer de Verdun, avec son cortège de drames et de morts, est également l'année où la technologie, l'art de vivre (à l'arrière), ont fait un pas de géant.

Il y a 90 ans à Verdun : la « Voie Sacrée » [1]

L'épopée de la « Voie Sacrée » est une des pages les plus extraordinaires de notre histoire militaire. Cette voie, dont il est utile de rappeler le rôle essentiel au cours de la lutte, fut désignée du nom générique de route. Ce fut M. Barrés, qui après la guerre lui donna le nom antique de « Voie sacrée ». En effet, rappelons que, dans le passé, la Voie Sacrée était empruntée par des pèlerins qui portaient au sanctuaire de Delphes, leurs offrandes au temple de la Pythie. C'était celle que montaient, du Palatin au Capitole, les empereurs romains ayant obtenu les honneurs du triomphe.

1. Elle conduisait à l'enfer, c'est pour cela qu'on l'appela la « Voie Sacrée ». Un témoin à Verdun au cours du Pèlerinage de 1986.

La bataille de Verdun exigeait le transport quotidien d'environ 2 000 tonnes de munitions, de 1 500 à 2 000 tonnes de vivres et de matériel nécessaires aux unités au combat, et de 15 à 20 000 hommes qui montent ou descendent des premières lignes.

Après avoir réorganisé les secteurs de ses corps d'armée, le général Pétain doit résoudre un problème primordial, celui de la logistique. Il est urgent de prévoir le soutien des combattants au front et de résoudre le problème de la montée et de l'engagement des renforts nécessaires à la lutte, c'est-à-dire selon le terme militaire adéquat, assurer les relèves.

Avant le 21 février 1916, la région de Verdun était desservie généreusement par le rail et la route. Une voie ferrée normale reliait la ville à la capitale par Sainte-Ménehould, Châlons-sur-Marne, et se poursuivait vers Metz par Etain. Afin de raccorder la base arrière de Bar-le-Duc à Verdun, une ligne à écartement d'un mètre assurait le ravitaillement en vivres et munitions de la cité militaire. Ce « tortillard » était géré par une compagnie privée, la Compagnie Meusienne d'où le surnom de ce petit train, le « Petit Meusien » [1]. Enfin, parallèle au « Petit Meusien », une voie routière complétait le système d'approvisionnement militaire, route départementale d'environ 70 kilomètres et large de 4 mètres, à la chaussée défectueuse, car très mal empierrée.

Au début de l'attaque allemande, la grande ligne de chemin de fer, Paris-Metz, est coupée à hauteur du village d'Aubreville, par un bombardement d'une prodigieuse précision, et reste donc définitivement inutilisable. Le « Petit Meusien » ne peut transporter que 800 tonnes par jour de vivres, de munitions et de matériel, ce qui est nettement insuffisant. D'ailleurs, Pétain lui conservera cette unique mission.

Reste donc la route. Son intérêt n'avait pas échappé au commandant français de 1915, le général Herr, qui commandait alors la RFV (Région fortifiée de Verdun). Ce général avait donc donné l'ordre de l'élargir à sept mètres, ce qui permettait le croisement aisé de deux camions. Finalement c'est le capitaine Doumenc, chef du service automobile des armées à Verdun, qui va réorganiser la future « Voie Sacrée ».

Le fonctionnement des mouvements routiers est confié à une commission régulatrice automobile (CRA), installée à Bar-le-Duc, sous la direction du capitaine. La Voie partira exactement de la gare de Badonvillers

1. La voie est dite « étroite », l'écartement normal des rails de chemin de fer étant de 1,44 mètres. Ce « Petit Meusien » était également appelé par les militaires, le Varinot, du nom de son créateur. Les trains étaient nombreux à circuler malgré la voie unique, ce qui provoquait des embouteillages et des arrêts en gare, pouvant entraîner des retards de plus de cinq heures.

ce qui portera la longueur de l'itinéraire à soixante-quinze kilomètres. Cette station fut choisie comme point extrême de chargement et de débarquement, afin d'éviter l'engorgement de la gare civile de Bar-le-Duc.

La route épouse les grandes ondulations de cette région vallonnée et boisée du sud de la Meuse. Elle monte et descend sans cesse, heureusement en pentes douces. Cette véritable autoroute sera divisée en sept cantons, dits « régulateurs », où un chef de canton responsable est chargé de surveiller, de dépanner et d'assurer la liaison à l'instar d'un chef de gare.

Le parc total de véhicules atteindra le chiffre de 9000 : 3 500 camions, 2 000 automobiles pour la liaison, 800 ambulances et véhicules sanitaires, 200 autobus pour le ravitaillement en viande fraîche (RVF) et 2 000 véhicules rattachés aux armées, utilisés par les services du courrier, du génie, de l'aviation, de l'artillerie avec les premiers autocanons.

La mise en place de cette noria de camions sans précédent dans l'histoire, a également été à l'origine de la création de services nouveaux dont les sigles et les abréviations sont venus enrichir le jargon militaire[1]. Ainsi, les responsables des groupes de transport prendront l'habitude de peindre sur leurs camions un signe distinctif : as de trèfle, zèbre, chameau, fourmi, cigogne, coccinelle, etc. Cette manière de s'identifier est, semble-t-il, à l'origine des insignes régimentaires actuels.

Cette départementale va absorber un trafic ininterrompu, jour et nuit et dans les deux sens. Aussi on comptera en vingt-quatre heures le passage de 6000 véhicules, soit environ un toutes les quatorze secondes, sans souci de la météo ou de la fatigue des conducteurs. La voie est gardée militairement et utilisée uniquement par les véhicules à moteur. L'infanterie à pied et les convois hippomobiles sont déviés sur des voies annexes.

On l'aura compris, un tel trafic va endommager et détériorer la chaussée avec le gel, la neige ou la pluie. Cette route nécessitera une réfection méthodique et constante de sa viabilité. Afin de pouvoir l'entreprendre, des stocks de matériaux routiers seront répartis tout au long de la chaussée. Ils proviennent de carrières de pierres, ouvertes à proximité immédiate de la route. Pas moins de dix mille territoriaux jetteront directement de la pierraille sous les bandages pleins des roues des véhicules routiers[2].

Les chauffeurs de camions devaient conduire dix-huit heures par jour. Bien souvent, ils restèrent à leur poste plus de dix jours, sans autre repos

1. Abréviations de service apparues dès 1916 : CRA, RVF, mais également TM pour Transport Militaire, SS pour Service Sanitaire, SPA pour Service Postal Automobile, etc.

2. Le pneu tel qu'on le connaît aujourd'hui n'existait pas encore. On a estimé à 700000 le tonnage de calcaire utilisé.

que quelques heures de sommeil au fond de leur véhicule[1]. De plus ces conducteurs recevaient des directives, dont certaines étaient primordiales :

Interdiction de s'arrêter sur la route, sauf panne grave.

Tout véhicule ne pouvant être réparé rapidement doit être jeté au fossé.

Aucun camion ne doit dépasser un autre.

Des grosses difficultés seront engendrées par les chargements et déchargements de la masse d'hommes, de matériel, de munitions et de vivres. Aussi une organisation des points de départ et d'arrivée de la Voie Sacrée est rapidement mise en place. Les troupes fraîches débarquaient par voie ferrée près de Revigny. Les hommes étaient aussitôt chargés dans les camions qui empruntaient la route sacrée et venaient les déposer autour de la ville de Verdun, notamment dans le faubourg de Glorieux, où ils gagnaient les premières lignes. Suivant l'intensité du bombardement allemand, les soldats débarquaient également au « circuit de Nixeville ». Là, on embarquait les relèves descendantes pour les conduire au repos.

Les munitions arrivaient en gare de Bar-le-Duc. Après leur transport, elles étaient déchargées au lieu-dit « Moulin Brûlé », entre les villes de Verdun et de Souilly, puis stockées dans les forts et autres réserves bétonnées. Un tel approvisionnement matériel engendra la création de nombreux dépôts de munitions. L'explosion de certains d'entre eux, on l'a vu, sera à l'origine de véritables tragédies.

Les vivres sont acheminés par le « Petit Meusien » dont le tracé suit en zigzag approximativement celui de la « Voie Sacrée ». On a calculé que ce petit train a permis durant la lutte, d'alimenter l'armée française de Verdun, qui comptait environ 650 000 par jour, rationnaires et quelques 130 000 animaux.

La route sacrée va voir passer quatre millions d'hommes et vingt millions de tonnes de matériels pendant toute la durée de la bataille. Au niveau des troupes en effet, soixante-treize divisions sur les quatre-vingt-quinze que compte l'armée française, seront engagées à Verdun[2].

C'est par cette route, « véritable boulevard des poilus[3] » que vont monter les soldats vers les lieux célèbres, où leurs yeux découvrirent des

1. P. Heuze, historien de la « Voie Sacrée » rapporte qu'un conducteur a roulé pendant seize jours, avec un minimum de repos dans son camion. Il était resté tout ce temps sans pouvoir se déchausser. Quand il ôta ses chaussures, la peau de plusieurs doigts de pied fut enlevée, littéralement attachée aux chaussettes !

2. Suivant les statistiques du SHAT de Vincennes, quarante trois divisions le seront une fois, vingt trois le sont à deux reprises, deux quatre fois, et une six fois. Documentation publiée en 1996.

3. Selon le terme utilisé par le colonel Créange, déjà cité.

visions les plus terrifiantes. Lieux où ils souffrirent atrocement dans l'attente d'une mort libératrice, mais tellement terrible. C'est par cette voie que descendront en longues files ensanglantées les blessés et les survivants de Verdun.

Pétain a résumé cette souffrance dans un de ses livres : « Mon cœur se serrait quand je voyais aller au feu de Verdun, nos jeunes gens de vingt ans. Du perron de la mairie de Souilly, je leur réservais ma plus affectueuse attention quand ils montaient... Mais quel découragement quand ils revenaient dans les rangs de leurs compagnies appauvries par les pertes, éclopés ou blessés... » [1]

La lutte à Verdun est le premier exemple de l'entretien d'une bataille par l'emploi de transports automobiles. Avec les taxis de la Marne, les camions de Verdun, l'automobile ouvrira une ère nouvelle dans la technologie de la guerre. La Voie permit, par exemple, l'apparition des premières remorques cuisines, qui alimentaient en repas chauds les personnels du transport militaire. Des échelons de dépannage-remorquage verront également le jour. Il s'agissait d'équipes spéciales créées pour ces missions, dotées de camions et d'outillage afin d'assurer en tout temps la libre circulation sur cette voie vitale pour le front français.

On peut affirmer sans crainte, que c'est de cette « Voie Sacrée », qu'est issue l'organisation et la conception du service automobile moderne de nos armées.

Mais la route a été aussi une bataille. Elle a eu ses chefs, ses héros, ses morts pour la France, ses actes d'héroïsme. On ne saura jamais assez dire le courage des hommes du service automobile et le travail éreintant des braves territoriaux. Tous ces combattants ont été quelque peu oubliés dans les célébrations de la victoire de Verdun après l'Armistice...

Aujourd'hui, le visiteur peut se rendre au pied du monument national à la mémoire de « Ceux de la Route », sur l'actuel tracé de l'ancienne « Voie Sacrée », au carrefour de la route de Paris Verdun[2].

En souvenir du travail, de la souffrance des hommes de la « route héroïque », et à chaque kilomètre a été implanté une borne dite, Borne de la « Voie Sacrée ». Ces bornes, ornées d'un casque en bronze et d'une palme du martyre, rappellent aux touristes effectuant une sorte de voyage du

1. C'est dans la mairie de Souilly que se trouvait le poste de commandement du général. Situé sur la « Voie Sacrée », ce village vit passer tant et tant de soldats, dont près de 60 % d'entre eux n'empruntaient pas cette route pour aller vers un repos pourtant bien mérité...

2. Le monument à la mémoire des chauffeurs, à l'époque on disait conducteurs, fut en effet édifié au lieu dit Moulin Brûlé en 1967.

souvenir à Verdun, que ce chemin fut, pour des millions d'hommes la première et souvent la dernière étape d'un douloureux calvaire[1].

Le général Pétain avait posé une question le 27 février au commandant du génie E. Richard, responsable des routes à l'état-major de la deuxième armée : « La route tiendra-t-elle ? Elle tiendra… Bien, sinon j'évacue la rive droite… » [2]

La « Voie Sacrée », que les anciens combattants ont baptisé, « la Noria Héroïque, la courroie de transmission, le chemin de l'enfer », à l'instar des poilus de Verdun, a tenu. Elle a été à l'origine de la résistance française victorieuse face aux attaques allemandes. Car la victoire de Verdun est autant due au magnifique courage des hommes, qu'à la remarquable organisation de la « Voie Sacrée ». Cette route a permis, non seulement la noria des divisions, mais a offert le soutien logistique nécessaire à la lutte. L'armée allemande a été ainsi vaincue par l'armée française, sur son propre terrain, celui de l'organisation industrielle de la guerre.

L'armement militaire

On l'a vu, du côté français, rien n'avait été prévu pour une telle bataille. À ce sujet, le général Gallieni, dans une sorte de pressentiment, écrivait en septembre 1914 : «…Ignorance absolue des armes allemandes, ignorance surtout de la formidable préparation allemande, ignorance des procédés de guerre actuelle : tranchées, fils de fer barbelés, artillerie lourde, abris, gaz de combat, etc. » [3]

Aussi, les moyens techniques militaires mis à disposition du commandement ont du être revus, comme souvent en France, dans l'urgence. Soit les services adéquats ont amélioré le matériel existant, soit ils ont improvisé, ou encore ils ont créé des armes nouvelles défensives ou offensives. Et il faut bien le reconnaître, on doit la primeur des innovations aux forces allemandes : lance-flammes *(Flammenwerfer)*, grenades (*Granate*), lance-mines ou obusier (*Minenwerfer*), gaz de combat, etc. La science et donc les

1. Devenue monument historique, la route est la seule nationale de France, dispensée de porter un numéro. Aujourd'hui la « Voie Sacrée » est de nouveau d'actualité, suite au projet de décentralisation gouvernemental, qui supprimerait le statut spécial de cette nationale.
2. L'histoire a retenu que la création de cette « Voie Sacrée » était l'œuvre de Pétain. Ce n'est pas tout à fait exact. En effet, le capitaine Doumenc, en accord avec l'état-major de la RFV, l'avait mis en place dès le 22 février 1916. Le général Pétain eut toutefois le mérite de régler l'organisation concrète de cette véritable trachée artère.
3. Article paru dans *l'Illustration* du 22 septembre 1914 qui, il faut bien l'avouer, était assez prémonitoire.

innovations, c'est indéniable, ont été un des facteurs principaux des succès temporaires allemands à Verdun. D'ailleurs, les observateurs militaires français ont été surpris par la préparation scientifique des armées du Kaiser.

En premier lieu, l'utilisation des gaz de combat. Cette invention barbare a étonné les combattants de Verdun, pourtant leur usage était connu depuis le mois d'avril 1915. Mais au cours de la bataille, les gaz ont été utilisés à grande échelle en raison de leur puissance de destruction et de désorganisation[1]. Parmi les vapeurs délétères émises par la science allemande on peut citer, l'utilisation à Verdun, non seulement des gaz asphyxiants, vésicants, mais des lacrymogènes, des suffocants et des puants[2]. Puis le 23 juin, dans l'effort ultime que les soldats allemands tentèrent sur le fort de Souville, ils utilisèrent un nouveau gaz. Pour la première fois, des obus au « phosgène » firent leur apparition. Ce gaz toxique, classé parmi les fugaces, pouvait tuer sur-le-champ. Les obus contenant ce tueur dénommé « à croix verte » à cause du repère de cette couleur peint sur l'enveloppe, effrayaient les combattants.

La protection contre ces vapeurs, rudimentaire au début, se perfectionna au fil du temps. Après les improvisations du début, telles que compresses de gaze[3], lunettes de chauffeur, cagoules, on arriva aux modèles plus efficaces de l'année 1916. C'est ainsi qu'apparurent des sortes de cagoules avec une gaze imprégnée de substance neutralisante (modèles M2 et M3), puis le type ARS comportant un masque et une cartouche filtrante, logés dans une boîte métallique. Le masque dit « groin de cochon », ne fit son apparition qu'au cours de l'année 1917.

La durée d'efficacité de ces appareils était relativement limitée. De plus il était essentiel que le masque protecteur soit utilisé rapidement après l'émission des vapeurs tueuses, d'où l'apparition sur le front de sirènes, gongs, et autres avertisseurs sonores ou tout simplement le cri « alerte au gaz ». Mais le masque empêchait de respirer, les lunettes de voir ! Enlever celui-ci, c'était étouffer sous les nuages empoisonnés. « Je ne respire plus sous le masque, la poitrine me cuit, sans réfléchir je l'ôte. Aussitôt les yeux me sortent de la tête, la toux m'arrache la gorge, les muqueuses saignent. Le masque est vite rabaissé… » écrit L. Perrin[4]. Les

1. « La mort qui marche sur vous, sournoise et sans tapage… », R. Gaudy in *Les galons noirs* (1930).

2. Les grandes catégories de gaz utilisés durant la Grande Guerre furent : les toxiques (cyanogène), les suffocants (chlore, phosgène), les lacrymogènes, les vésicants (ypérite et gaz moutarde), les sternutatoires (arsine), les fugaces et les puants.

3. Tous les témoins ont affirmé avoir arrosé ces compresses d'urine, suivant les recommandations de l'autorité militaire de l'époque.

4. L. Perrin dans son ouvrage *Avec la piétaille* (1956).

gaz, bien évidemment, n'épargnaient pas les animaux pour qui, il n'existait pratiquement pas de protection. Les masques pour les chevaux n'apparaîtront qu'au début de l'année 1917. L'infirmier Houzieux témoigne : « Nombre de chevaux et d'ânes, devenus aveugles par l'inhalation de gaz, restent sur le terrain, sans rien à manger, hennissant pour appeler de l'aide. La plupart vomissent du sang, puis se couchent dans des sursauts pour ne plus se relever… » [1]

Pour les autorités militaires et scientifiques allemands, un gaz efficace doit être un poison, c'est-à-dire tuer le plus rapidement possible et être plus lourd que l'air, afin que les vapeurs puissent s'infiltrer dans les cagnas, abris et les moindres trous d'obus[2]. À Verdun, la technologie allemande trouva un système pernicieux, lorsque les masques à gaz devinrent plus efficaces. Par exemple, les artilleurs teutons envoyaient en premier lieu des obus à liquide sternutatoire, qui obligeait les combattants à ôter le masque pour éternuer, et ensuite des gaz mortels, comme l'ypérite qui était un tueur… à retardement.

Les bombardements par obus à gaz de combat étaient constants sur tous les fronts de Verdun. Ils provoquèrent des drames dans la mesure où la médecine n'était pas suffisamment équipée, ni instruite pour traiter ce genre de blessure. Les victimes perdaient la vue ou mouraient des suites de l'empoisonnement au chlore, à l'acide cyanhydrique ou au phosgène. Contrairement à ce qu'avaient imaginé les chimistes allemands, les gaz ne tuèrent pas rapidement, et les résultats de leur utilisation ne furent jamais à la hauteur des espérances initiales[3].

Les soldats, qui eurent la chance de revenir du front seront souvent victimes de cette arme invisible, et terriblement inhumaine. Car bien des intoxiqués devinrent des grands invalides après la guerre : aveugles, tuberculeux ou malades aux poumons irrémédiablement brûlés…

Le monument de Steenstratt (près de la ville d'Ypres en Belgique), élevé à la gloire des victimes de la première attaque par les gaz, rappelle cette réalité : « Depuis il meurt chaque jour dans la paix, des victimes de ces procédés abominables ».

1. Témoignage paru dans le livre de J.-H. Lefebvre, opus cité.

2. Cagna, sape, guitoune, tels étaient les noms pour désigner un genre de pièce sous terre. À l'arrière c'étaient des huttes, des cabanes regroupées dans des villages « nègres », rappelant les villages des populations africaines. Dans les petites villes de l'arrière front, plus ou moins détruites, les soldats s'abritaient et vivaient dans des caves.

3. Une récente statistique révèle que les gaz de combat n'ont été responsables, au total, que de 1 % des morts de la Grande Guerre.

Autre supplice issu de l'imagination militaire pour le fantassin, le lance-flammes, dû à l'ingénieur allemand R. Fiedler en 1912. Créé pour neutraliser uniquement le fantassin, puisque cet engin de combat nécessite un contact proche. Par exemple, l'artilleur n'avait pas à craindre une attaque avec cette terrible arme.

Contrairement à ce qu'affirment plusieurs historiens, ce n'est pas à Verdun que les *feldgrau* (*Totenkopfpioniere*[1]), l'utilisèrent pour la première fois. Mais c'est à Verdun qu'ils l'employèrent massivement. L'engin de mort se composait d'un réservoir de matières inflammables porté dans le dos du pionnier, qui pouvait diriger le jet du liquide à une distance de vingt à trente mètres. Le seul moyen de lutter contre les *Flammenwerfer*, consistait en un tir bien ajusté envers le sapeur porteur de l'engin. Le tir réussi transformait l'équipe, composée généralement de trois sapeurs, en torche vivante. On ne peut s'imaginer l'effroi engendré par ce genre de combat et la vision des bois, des abris en feu, ajoutait un plus au tableau d'apocalypse.

La riposte française consista en un lance-flammes assez perfectionné dit « modèle Schildt ». Ces appareils étaient confiés à des hommes connaissant les flammes, les sapeurs-pompiers de Paris. Ce qui posa un problème, car la présence de ces combattants sur le champ de bataille annonçait aux troupes allemandes l'imminence d'une attaque par les liquides enflammés.

Je n'évoquerai pas ici le fusil Lebel et les différentes carabines françaises, armes plus rassurantes qu'efficaces, comparativement au fusil allemand, le Mauser. De toute façon, les fusils ne pouvaient rivaliser avec les mitrailleuses de plus en plus nombreuses. Car sans contestation possible, elles eurent un rôle très déterminant au cours de l'année 1916. C'était une arme terriblement meurtrière. Du côté français, on trouvait la mitrailleuse Saint-Étienne, vite abandonnée car trop sensible à la boue, l'*Hotchkis*s, simple et robuste. Du côté allemand, une seule mitrailleuse en dotation la lourde Maxim MG 08[2]. Très efficace, son seul inconvénient résidait dans le système de refroidissement par eau. On a vu que l'eau manquait cruellement au front, et il n'était pas rare que la Maxim fût refroidie par un liquide naturel humain…

1. *Totenkopfpioniere*, pionnier à tête de mort. Les serveurs des lance-flammes arboraient en effet l'insigne à tête de mort que l'on reverra au cours de la Seconde Guerre mondiale sur les tenues des SS. La toute première utilisation de cet engin de mort, se fit dans les magnifiques forêts d'Argonne, un an plus tôt, soit le 26 février 1915.
2. Maxim MG 08, dénomination de *Machingewehd* créée en 1908.

À Verdun apparut une nouvelle arme d'assaut, le FM Chauchat[1] pour les soldats français, et la mitrailleuse légère Maxim 08-15 pour les troupes allemandes. Les avantages de ce nouvel armement tiennent à sa simplicité et à sa légèreté qui rendent son maniement facile. L'introduction de cette arme modifia la technique d'assaut et fit éclater chaque section d'infanterie en deux groupes : fusiliers et grenadiers qui employaient deux armes nouvelles le FM et les grenades.

Les grenades, très rudimentaires au début de la guerre, connurent un prodigieux essor et s'imposèrent comme l'arme la plus efficace dans le combat rapproché. Ce fut d'abord des pétards sommaires, puis des grenades sphériques, souvent plus dangereuses pour celui qui les utilisait que pour celui qui les recevait. Ce n'est qu'au début de la bataille de Verdun, que l'utilisation rationnelle de la grenade se produisit. On trouvait des grenades défensives, offensives, suffocantes, peu ou pas toxiques surtout utilisées lors de la prise de cagnas ou d'abris. En 1916, apparurent également des grenades incendiaires, fumigènes dégageant une épaisse fumée et surtout la grenade à fusil, dite en France, grenade VB[2].

Les combattants utilisèrent tous les moyens possibles pour lancer les grenades vers l'adversaire : catapulte, lance-pierres, et une sorte d'arbalète baptisée « sauterelle ». L'état-major français composa des sections de grenadiers spécialisées, composées par des hommes issus des Landes et du pays basque. Il faut dire que la pratique de la chistera facilitait grandement le lancement des grenades.

Les combattants allemands, précurseurs en la matière, disposaient de nombreuses variétés de ces engins, notamment de celle dite grenade-œuf en raison de sa forme (*Eiergranate*). Autre grenade apparue pendant la bataille, l'asphyxiante dont le liquide corrosif était contenu dans une sphère en porcelaine de Bavière. Enfin l'année 1916 vit véritablement l'éclosion d'une grenade très utilisée durant le deuxième conflit, la « grenade à manche ».

Autre arme nouvelle propre à la Première Guerre mondiale, les Crapouillots et *Minenwerfer*.

Elle naquit des nécessités de la guerre de tranchée et joua, elle aussi, un rôle important. Si l'Allemagne possédait des modèles de mortiers à tir

1. FM, fusil mitrailleur. Le modèle Chauchat, du colonel Chauchat, son créateur fut mis au point dès 1910. Normalement la véritable dénomination de ce fusil est le FM Chauchat 1915 ou le CSRG (Chauchat, Sutter, Ribeyrolles, Gladiator) du nom des spécialistes ayant amélioré cette arme.
2. VB, de Vivien-Bissières, nom de son créateur. Cet engin se lançait au moyen du fusil muni d'un tromblon.

courbe (*Ladungswerfer*), en France l'artillerie de tranchée était inexistante. Un seul mortier (Duchène) était en dotation dans les unités d'infanterie. En 1916, les *feldgrau* utilisèrent massivement les mortiers lourds. Ceux-ci furent à l'origine d'une légende, qui voulait que les utilisateurs étaient attachés par des chaînes à ces engins de mort. Les chaînes en question ne servaient en fait qu'au transport des mortiers excessivement lourds, mais la propagande française avait œuvré.

Le rôle de chaque mortier était bien défini : les légers servaient à la destruction des fils de fer barbelés et des positions de première ligne, les lourds pour l'anéantissement des tranchées de deuxième et troisième lignes, les nids de mitrailleuses et les positions de mortiers.

Je ne parlerai pas de l'artillerie des deux camps, car le sujet est si vaste qu'il faudrait un chapitre entier consacré à cette arme de destruction massive.

Parmi les armes dites défensives, outre le masque à gaz, il est important de citer le casque. Car c'est à Verdun, que sans doute possible, fut adopté, tant en France qu'en Allemagne le casque de protection pour les soldats au combat. Le fantassin français perçut le casque « Adrian », très seyant, mais fabriqué avec une tôle très mince qui ne protégeait les combattants que des petits éclats d'obus. Les *feldgrau* utilisèrent un modèle de casque de tranchée le « *Stahlhelm* » [1] qui sera porté pour la première fois à Verdun. Plus lourd et massif que le casque Adrian, il assura une meilleure protection. Sa silhouette caractéristique deviendra le symbole de l'armée allemande. Ce casque comportait deux ergots latéraux, d'où son surnom de « casque à boulons », qui permettaient la fixation d'une visière blindée à l'usage des guetteurs et des sentinelles. Ces mêmes guetteurs étaient également protégés par une cuirasse épaisse en acier protégeant le haut du corps.

Les ingénieurs militaires français créèrent les abris en demi-cercle en tôle ondulée dits « baraques Adrian » ou « tôle Métro », le camouflage des canons et routes stratégiques, grâce à la participation du peintre F. Marc.

Au cours de cette année 1916, capitale pour les avancées technologiques vont apparaître les premiers chars d'assaut[2].

Mais aussi le repérage par le son dû à l'invention de F. Daussy. Ce procédé fut amélioré par un sitemètre de l'ingénieur Perrin qui permettait le repérage des avions de jour et de nuit.

1. Littéralement casque d'acier.

2. D'abord baptisés tanks, ces cuirasses terrestres seront plus connues sous le terme de chars d'assaut. Le premier essai du Mark 1 (tank britannique inventé par le colonel Swinton) a lieu en février 1916. C'est pratiquement au même moment que le colonel F. Estienne présente son prototype à Vincennes. Les Anglais seront les premiers à engager des chars en septembre 1916, lors de la bataille de la Somme.

L'affrontement à Verdun a fait entrer la guerre dans une phase nouvelle : l'artillerie écrase, l'infanterie conquiert, l'aviation devient une arme à part entière. Car parmi toutes les innovations militaires de l'année 1916, il faut faire une place particulière à l'Aviation.

L'ampleur du formidable choc terrestre masque en général un des aspects de la lutte, on oublie que la bataille de Verdun est essentielle dans l'histoire de la guerre aérienne.

Au début de la guerre, l'aviation devait uniquement servir à la reconnaissance du terrain et à l'observation de l'ennemi, en relais avec les ballons spécialisés[1].

En effet bien que l'aviation de chasse soit pratiquement née en mai 1915, les doctrines d'emploi de cette chasse s'imposèrent véritablement à partir de 1916. Elle avait pour but d'empêcher l'ennemi d'accomplir ses missions d'observation. Et c'est au-dessus du champ de bataille de Verdun qu'eut lieu la première bataille aérienne de l'histoire.

La chasse française sera commandée par le commandant de Rose entouré des meilleurs pilotes de l'époque comme : Dorme, Fonck, Guynemer, Brocard[2], Navarre, Nungesser, Carpentier, etc. Navarre sera dénommé, la sentinelle de Verdun, Guynemer appellera son avion le « Vieux Charles ». Le boxeur Carpentier volait sur un Farman et survola le 24 octobre 1916, le fort de Douaumont sur son avion « La Gauloise ». Il fut champion d'Europe de boxe à l'âge de 17 ans et le premier sous-officier de son escadrille à recevoir la médaille militaire.

L'unité spécialisée allemande, les *Jagdstaffeln* (escadrilles de chasse) sera dirigée par le plus célèbre pilote d'alors, le lieutenant O. Boelcke élevé au grade de capitaine à l'âge de 25 ans. Un autre as, M. Immelmann sera abattu à Verdun par le caporal Walker du *Royal Flying Corps américain*. En effet, une escadrille américaine combattra à Verdun sous le nom d'escadrille Lafayette. Le gouvernement américain sensible aux pressions allemandes, refusa de baptiser ce groupe « escadrille américaine » ! Le chef de cette escadrille sera le Français F. Thenaut accompagné des as américains, Connel, Chapmann, Prince, Rockwell, etc.

1. Ballons appelés *Dratchen*, cigares, saucisses (en raison de leur forme), le personnel servant, les aérostiers. Ce système d'observation est à l'origine de la création du parachute. Celui-ci permettait le sauvetage de l'observateur en cas d'incendie ou de destruction du ballon par un avion ennemi.

2. Brocard succédera à de Rose et sera responsable du groupe légendaire des « Cigognes ». Navarre et son Nieuport rouge vif sera abattu et gravement blessé le 20 juin 1916. Autre as célèbre Nungesser, remportera de nombreuses victoires à Verdun. Son avion était orné d'un cœur noir frappé d'un crâne et de tibias, le tout surmonté d'un cercueil.

Les consignes des responsables de l'aviation militaire étaient résolument offensives: « Nettoyez le ciel au-dessus de la Meuse, recherchez les avions ennemis, attaquez les partout et sans cesse... » Pour cela, les avions français évoluaient par groupe de deux chasseurs, alors que les Allemands se présentaient par quatre. L'application de ce concept d'attaque réussit parfaitement puisque très vite la maîtrise du ciel redeviendra française.

Les avions étaient équipés des dernières nouveautés: poste de TSF à bord, mitrailleuses, appareil photographique, fusées et balles incendiaires pour la destruction des ballons d'observation ennemis[1].

Il est à noter qu'à Verdun, l'état-major français a testé un nouvel engin d'observation, le cerf-volant Parseval, mais son utilisation fut de courte durée.

Du côté allemand, les grands as furent Osterkamp, von Richthofen et H. Göring. M. Freiherr von Richthofen, officier de Uhlans à 20 ans, réussit à entrer dans l'aviation dès juin 1915. Il sera affecté dans le secteur de Verdun où il se distingua par de nombreuses victoires. Il volait à bord d'un Fokker, triplan de couleur rouge d'où son surnom de « Baron Rouge » [2]. Tous ces aviateurs étaient regroupés au sein de la *Kogenluft*[3], ancêtre de la Luftwaffe.

Les escadrilles françaises se battirent avec courage face à celles des ennemis baptisées « les cirques volants ». Leurs avions étaient en effet bariolés de toutes les couleurs et leur personnel au sol démontait les tentes des cantonnements aussi rapidement que des saltimbanques.

Les aviateurs, les observateurs ont payé un lourd tribut à la lutte aérienne. L'aviation française perdra le quart de ses effectifs engagés. Mais pour la première fois, en 1916, les états-majors découvrirent l'importance grandissante de la maîtrise de l'air au-dessus du champ de bataille: bombardement des arrières ennemis, destruction des batteries des canons lourds, des postes de commandement, des carrefours ferroviaires, etc.

Après la bataille de Verdun, plus rien ne sera comme avant dans le ciel. L'aviation de combat montra en effet que sans le contrôle du ciel, la conduite de la guerre terrestre rencontre de grosses difficultés.

1. Fusée dite « Le Prieur » du nom de son inventeur. Le ballon d'observation avait un rôle primordial, puisqu'il permettait au guetteur dans sa nacelle de voir les mouvements de l'ennemi mais surtout de localiser ses batteries d'artillerie.
2. Il fut abattu au-dessus de Villers-Bretonneux par une balle tirée du sol. En 1935, le nazisme utilisa le mythe de Richthofen pour susciter des vocations militaires.
3. *Kogenluft*: acronyme de *Kommandierender General der Luftstreitkrafte* (général commandant les forces aériennes).

Nouveautés pour les civils

Si l'année 1916 a été novatrice pour les militaires, elle l'a été également pour les civils, bien entendu, ceux de la France non occupée.

Dès l'année 1916 est mis en place l'effort de guerre, c'est-à-dire l'optimisation de l'industrie et du travail. Ainsi en France, on mobilisera pour la main d'œuvre les femmes, les jeunes, les prisonniers et même les étrangers. L'Allemagne, de son côté, impose le travail obligatoire et réquisitionne la population des territoires occupés.

En France, le ministre Thomas sera chargé d'organiser la production auprès des groupements industriels. Les patrons de l'industrie en profitèrent pour réaliser de gros bénéfices en n'accordant que des salaires minimes. Surtout que la vie quotidienne à l'arrière devenait difficile, les denrées alimentaires, les notes de chauffage ne cessaient d'augmenter. Ces difficultés seront à l'origine des grèves de femmes dans les usines de guerre, grèves vite réprimées par l'emploi d'ouvriers chinois et indochinois.

Le premier juillet 1916, est adoptée pour la première fois ce que l'on appelle aujourd'hui l'heure d'été[1]. « Avancez votre montre de soixante minutes : six heures deviennent sept heures et voilà une heure de lumière gagnée ! », proclamait le périodique *Lecture pour tous* du 3 juillet 1916. Et, encore une fois, l'État français ne révéla pas la véritable raison de cette décision. En effet, la presse nationale sera chargée d'annoncer le motif de ce changement : économies d'énergies comme le gaz, l'électricité et le charbon. Au passage, on a pu remarquer que l'argument fallacieux d'économie d'énergie avait été déjà utilisé. La véritable raison était en fait l'harmonisation de l'heure sur le terrain de combat, car l'Allemagne utilisait depuis longtemps cet horaire décalé.

L'opinion publique trouve qu'à Verdun le prix du sang paraît lourd pour les maigres résultats obtenus sur le terrain. Ainsi le doute et le découragement s'installent dans les esprits. C'est ce que l'on appellera la « débâcle morale », contre laquelle il n'existe pas de remède efficace. Ou plutôt si, il existe une arme psychologique englobant à la fois la propagande, les divertissements, la lecture de la presse, etc.

Parmi les journaux de presse, on peut noter l'apparition du *Canard Enchaîné* (5 juillet 1916), journal humoristique paraissant le mercredi. Les fondateurs étaient alors M. Maréchal (trente-deux ans, réformé), jour-

1. Contrairement à ce qu'avait annoncé Valéry Giscard d'Estaing, ce n'était pas la première fois que la France allait appliquer ce nouvel horaire. D'ailleurs ma mère m'a précisé que durant le deuxième conflit mondial « en France nous vivions à l'heure allemande ».

naliste à *La guerre sociale* et au *Bonnet Rouge*, et H. Gassier, membre du Parti et dessinateur du journal socialiste. Paul Vaillant-Couturier et R. Lefebvre seront les autres signataires. La principale cible de ce journal était ce que les poilus appelaient le « bourrage de crâne », en reprenant des extraits des fameux journaux de tranchées. La presse de l'époque, en général, prenait position sur la conduite de la bataille et diffusait de fausses informations. Il n'est besoin que de feuilleter *l'Illustration* pour avoir une idée précise de ce bourrage de crâne : les troupes françaises avançaient toujours, faisant de très nombreux prisonniers, les Allemands reculaient sans cesse en perdant chaque jour du terrain !

L'année 1916 sera celle des livres et romans. « Ils sont partis pour la guerre, incertains de leur avenir, et ils sont revenus écrivains. Tel fut le sort de nombreux jeunes gens… » écrivait Maurice Genevoix.

C'est Kafka qui marquera incontestablement l'année littéraire. *La métamorphose, conte d'une nuit*, ouvre un nouvel aspect du roman philosophique. Avec la guerre et le départ des hommes pour le front les femmes écrivains arrivent en force dans l'édition. La plus connue fut Colette qui vient d'achever, en 1916, *La paix chez les bêtes*, véritable pamphlet contre la guerre et la bêtise des hommes, résumé par cette phrase : « La guerre, il n'y a que les hommes pour inventer une horreur pareille ». Colette rédigeait alors la chronique du cinéma dans le quotidien *Le Matin*, dirigé par son mari, de Jouvenel.

Apollinaire[1] vient d'écrire *Le poète assassiné*, série de nouvelles empreintes d'une souffrance parfois cynique. La citation qu'il reçut à l'occasion de sa blessure, ne disait pas qu'il fut blessé, alors qu'il lisait assis… dans l'herbe. Lorsqu'il meurt le 9 novembre 1918, de la grippe espagnole, il est déclaré « mort pour la France » ! Conan Doyle est sur le front italien. Il devint un excellent journaliste. Le dessinateur B. Rabier publie les aventures d'un petit chien patriote, *Flambeau, chien de guerre*.

Henri Barbusse obtiendra cette année-là, le prix Goncourt pour son ouvrage intitulé L*e Feu*, dont l'action se passe dans les tranchées. Le journal d'une escouade fut édité à plus de 200 000 exemplaires, un triomphe pour l'époque. D'ailleurs les ouvrages sur la vie des poilus sont légion, et parmi les auteurs, on peut citer : Roland Dorgelès, Henry Bordeaux, Maurice Genevoix, Romain Rolland, etc. Henry de Montherlant, devenu secrétaire de l'œuvre de l'Ossuaire est connu pour *Le chant funèbre pour les morts de Verdun*, en 1924.

1. De son vrai nom Alessandro Apollinaris de Kostrowitzky, il fut blessé le 17 mars 1916, par un éclat d'obus à la tête qui lui valut une trépanation.

À l'étranger, un certain Joyce, publie *Delalus*, qui ne remporta pas un grand succès, contrairement à son deuxième ouvrage *Maria Chapdeleine*. Enfin le célèbre Freud dévoilera son *Introduction à la psychanalyse*. L'année littéraire s'achèvera avec la mort du grand romancier d'aventures Jack London[1]. Enfin la Société des gens de lettre a fait frapper en 1916 une médaille avec comme devise : « *Crédit propter quod locutus sum et mortus*, j'ai attesté ce que j'ai cru par ma parole et par ma mort ».

La chanson ne cesse d'égrener ses couplets pendant cette année 1916. Outre le succès de la Madelon, véritable mascotte des poilus, on pouvait à l'époque fredonner une chanson inspirée par la résistance héroïque des soldats à Verdun, créée par Mercier et Cazol intitulée : Verdun, on ne passe pas ! [2]

Au niveau du divertissement, on note une vulgarisation du cinéma. En cette année, on assiste à une profusion de productions américaines. Un certain M. Sennett, supplante avec ses films comiques, les producteurs C. Pathé et L. Gaumont. M. Sennett est le découvreur de grands comiques comme Buster Keaton, Charlie Chaplin, etc.

Les seuls titres du cinéma français de l'époque rencontrant un réel succès sont peu nombreux : Les Vampires, Judex, et Mères Françaises avec la célèbre Sarah Bernhardt. Outre les films comiques et afin de redresser le moral des soldats, il faut signaler la création du théâtre aux armées, avec notamment la pièce « Les dégourdis de la 11e », vaudeville créé en 1913.

Enfin au début de 1916, grâce à A. Levi, critique d'art, est mis en place une section photographique et cinématographique des armées. L'ECPA, son nom aujourd'hui, est une des plus complètes sources d'archives de la Grande Guerre.

C'est cette même année que fut institué un service de protection du patrimoine, sous la tutelle des ministères de la guerre et de l'instruction publique.

En Allemagne, on créa également le *Schutzverwahrung*, qui était un service de sauvegarde des œuvres d'art et de biens culturels, mais les œuvres sauvegardées provenaient, le plus souvent, de rapines opérées dans les territoires occupés.

Afin de clore ce chapitre, je voudrais vous délivrer deux informations qui caractérisent l'année 1916, année de Verdun. Un concours de circons-

1. Auteur notamment du livre *Croc Blanc* en 1905. Révolté par la société moderne il se suicide en juin 1916 à l'âge de quarante ans.
2. Halte là ! On ne passe pas. Fuyez barbares et laquais, C'est ici la porte de France et vous ne passerez jamais ! Telles étaient les paroles principales et imagées du refrain de cette chanson, surtout chantée en 1918.

tance a fait que le dictionnaire de la langue française se soit enrichi d'un nouveau nom commun : la verdunisation. En effet, le commandant Bunau-Varilla chef du service des eaux de la deuxième armée de Verdun eut une idée afin de purifier l'eau de consommation courante. Comme on peut l'imaginer, l'eau puisée dans les sources provenant du champ de bataille était souillée par les cadavres, les gaz et autres détritus. À l'intérieur de la Citadelle de Verdun, les hommes qui consommaient cette eau corrompue étaient pris de vomissements et sujets aux maladies spécifiques de l'eau inconsommable. Le commandant eut alors l'idée, afin de purifier cette eau, de procéder à l'adjonction de doses de chlore dans le liquide vital. Cette première purification eut lieu à Verdun et porta désormais le nom de *Verdunisation* de l'eau.

Un article de *l'Illustration* du 12 février mérite notre attention : « La société du tunnel sous la Manche a retenu le projet de l'ingénieur français M. Breton… Le vieux maréchal prussien Moltke déclarait à ce sujet : Il faut empêcher de faire ce tunnel, lequel pourrait nous servir à attaquer l'Angleterre, mais serait funeste à l'Allemagne… Les Anglais quant à eux, surtout les militaires, après avoir été hostiles sont favorables… La construction de ce tunnel ne dépend plus maintenant que du vote du Parlement anglais… »

Le projet de percement du tunnel était donc déjà présent dans les grands travaux à réaliser, dans les années 1910 !

Et l'auteur de l'article non signé, de conclure : « À notre avis le tunnel ne sera construit que dans 80 ans… » soit en 1996 !

LE SOUVENIR, VERDUN TERRE D'HISTOIRE

« Tous ces trucs-là, ça n'intéresse plus personne... » [1]

Avant de voir le souvenir de la bataille de Verdun, terre de symbole, il est nécessaire de préciser qu'à la date du 23 juin, les troupes allemandes furent au plus près de la Victoire. Techniquement, c'est seulement le 15 décembre que la bataille est terminée. Mais, comme le disait le colonel Créange : « Verdun ne s'est pas terminée avec la reprise des forts, comme on le croit, car c'était encore dur en 1917 ». En effet, la lutte en Meuse se poursuivra sporadiquement avec des soudaines flambées jusqu'à la fin des hostilités. Le 8 novembre 1918, les troupes de la 26e DI américaine réoccuperont le Bois des Caures, où Driant s'était si bien battu avec ses chasseurs à pied.

Dès l'Armistice, il a fallu faire un bilan exact des disparitions engendrées par la bataille. Et tout de suite, on a pu se rendre compte que le mythe de Verdun a été à l'origine d'une exagération des pertes. Ainsi, il n'est pas rare de rencontrer des ouvrages faisant état de la disparition d'un million d'hommes. En réalité, le chiffre vraisemblable des pertes à Verdun peut se situer aux environs de 714000 soldats pour les deux camps, avec un nombre de tués et de disparus toutefois légèrement supérieur du côté français[2].

1. Phrase prononcée à Verdun par un groupe d'anciens poilus au cours du pèlerinage de juin 1986.
2. Malgré l'intensité de la lutte à Verdun et dans la Somme, globalement l'année 1916 a coûté moins de combattants que celle de 1915.

Pour la France, on note : 61 289 tués, 101 151 disparus et 216 337 blessés soit un total de 378 777 combattants de tous grades[1]. L'Allemagne reconnaît avoir perdu, toutes catégories confondues, environ 336 000[2] hommes. Il est impossible d'évaluer les pertes des armées allemandes avec précision, aucun document officiel ne les délivre avec un chiffre précis.

Mais il ne s'agit là que d'une approximation. À l'époque les moyens de comptabilisation étaient rudimentaires et ne reposaient en fait que sur les témoignages des survivants. Ainsi de nombreuses familles vivaient dans le deuil jusqu'à ce que le poilu puisse donner, quelquefois après plusieurs semaines, de ses nouvelles. Le survivant pouvait être en effet détenu dans un lointain camp d'Allemagne ou bien soigné dans un hôpital temporaire près des premières lignes. Et puis du fait de la rotation rapide des régiments et du niveau élevé des morts, il n'était pas toujours facile d'établir un décompte exact des pertes.

Le maréchal Hindenbourg dans ses Mémoires reconnaîtra : « Cette bataille épuisa nos forces, comme le fait une blessure qui ne se referme pas… ». Le président Mitterrand n'hésita pas à prononcer : « Verdun, phénoménal holocauste, monstrueux sacrifice, souffrance semblable de part et d'autre, qui firent de Verdun, terre d'histoire, un haut lieu de souvenir européen… »

Donc, dans le souvenir de la Grande Guerre, Verdun possède une « aura » particulière. La mémoire collective, qui transmet le souvenir de génération en génération, en a fait un symbole : celui de la souffrance du soldat. Verdun est la seule bataille, qui par l'excès de douleurs supportées, a conduit les rescapés à vouloir se réconcilier sur les lieux mêmes du drame.

En cette année 2006, la zone des combats a-t-elle vraiment changée ?

Quatre-vingt-dix ans ont passé depuis la bataille de 1916. Pourtant le sol porte toujours les stigmates de la tragédie. Le champ de bataille se présente encore aujourd'hui comme une région lunaire. Un sol bouleversé, parsemé de trous d'obus, de boyaux, de sapes d'où émergent quelques tonnes de ferrailles et d'engins de mort. Dans un périmètre dénommé « zone rouge » [3], commençant à environ quatre kilomètres des portes de

1. Les pertes en officiers sont proportionnellement supérieures d'un tiers à celles de la troupe.

2. Soit environ 1 115 hommes par jour, alors que du côté français, on comptabilise 1 250 soldats.

3. Après l'Armistice, l'État français déclara une majeure partie de l'étendue des combats, zone rouge, impropre à la culture et à la vie agraire. Puis ce secteur fut livré aux récupérateurs de métaux, tandis que le service des sépultures de guerre enfouissait les cadavres.

la ville, les hommes ont renoncé à toute culture et à reconstruire les villages. Après la fin de la guerre, seuls des travailleurs réquisitionnés animaient cette zone, véritable paysage lunaire et de totale désolation, parfois en présence d'un affligeant cortège de familles en quête d'une tombe ou recherchant le corps d'un disparu. Déjà quelques touristes, dont beau-oup d'anciens poilus, parcouraient le terrain en prenant des photographies.

Bien évidemment, la folie meurtrière des hommes a cédé le pas devant les volontés politiques, humaines, de réconciliation. N'oublions pas que la ville de Verdun, devenue capitale de la Paix, a permis la réconciliation franco-allemande[1].

Mais le paysage a conservé la marque des bombardements, la trace des heures dantesques vécues par les combattants de 1916. Aujourd'hui, le visiteur peut se promener dans les forêts recouvrant des hectares de terre défoncée. Les bois pourtant scalpés, se sont progressivement reconstitués. Mais la terre de Verdun n'est pas muette. Sous les ombres apaisantes des épicéas, la terre meurtrie en milliers de petites dunes renferme encore des pièges mortels. Le long des circuits de visite organisés, des dizaines de stèles racontent le chemin de croix de dix mois de calvaire. La pléthore de monuments rappelle la souffrance des poilus de Verdun. Le plus symbolique reste celui de l'écorché du Mort-Homme[2]. Il surplombe la crête de la rive gauche de la Meuse, pour la conquête de laquelle des milliers de soldats luttèrent jusqu'au bout de l'épuisement.

Le lion abattu, au carrefour de la chapelle Sainte-Fine, marque approximativement l'extrême avance des forces allemandes. Dans la verdure du Bois des Caures, le PC du colonel Driant et le monument à la gloire du chef illustre rappellent le martyr des chasseurs qui subirent le premier assaut des *feldgrau*.

Plus émouvants sont les lieux qui résonnent de la violence inouïe des combats : forts de Douaumont, Vaux, Souville, Froideterre[3], village de Fleury, Tavannes, Mort-Homme, Côte 304, etc. Sans omettre les neuf villages meusiens qui disparurent de la carte. Neuf modestes communes rurales, dont les maisons se regroupaient autour de l'église et du cimetière :

1. En septembre 1984, doit-on le rappeler, le chancelier Helmut Kohl et le président Mitterrand ont scellé cette réconciliation, en se tenant par la main, devant l'Ossuaire de Douaumont.
2. Ce monument se présente sous l'aspect d'un squelette drapé dans son suaire de granit, émergeant de sa tombe sur laquelle est gravée la devise de Ceux de Verdun : Ils n'ont pas passé. Le statutaire Froment-Meurice a voulu ainsi représenter le sacrifice humain et l'âpreté des combats.
3. Selon un poète rencontré à Verdun en 1986 : « À l'intérieur des forts de Vaux et de Douaumont, l'horreur suinte à jamais dans les couloirs humides… »

Beaumont, Bezonvaux, Louvemont, Haumont, Ornes, Douaumont, Vaux, Cumières, Fleury[1]. Seul le village de Vaux sera reconstruit aux abords de l'ancienne cité. Tous ces villages ont été déclarés « Morts pour la France » comme un simple poilu et se sont vus attribuer la croix de guerre. Lorsque la lutte cessa, il ne restait rien de ces paisibles villages, sauf des cratères béants encore visibles aujourd'hui.

Verdun et sa région que sillonne « la Meuse endormie », chère à Péguy, est devenue une immense terre de repos. Les cimetières se suivent sans toutefois se ressembler. On dénombre quarante-trois nécropoles nationales françaises, vingt-neuf allemandes et deux américaines pour environ 150000 corps de soldats identifiés. La ville de Verdun abrite à elle seule trois cimetières : Bevaux, Glorieux et celui du Faubourg Pavé. Des croix granitées pour les fils de France, en bois ou en métal de couleur noire[2] pour les soldats du Kronprinz, de marbre blanc pour les descendants de l'oncle Sam.

Enfin omniprésents, restent les inconnus qui périodiquement délivrent leurs restes aux forestiers verdunois ou aux touristes se risquant sous les futaies. Pour abriter ces glorieux ossements, fut érigé l'Ossuaire de Douaumont. Un long monument voûté rappelant les forts de la région fortifiée de Verdun, au centre duquel s'élève une tour en forme d'obus. Ce mausolée renferme les restes de quelques 130000 soldats français ou allemands. L'initiative de construire un ossuaire revient à l'évêque de Verdun, Monseigneur Ginisty. L'édification débuta en 1923 et dura dix années. On trouve à l'intérieur quarante-six tombeaux contenant des ossements et correspondant à un secteur du champ de la bataille. À chaque extrémité de l'Ossuaire, un espace accueille le surplus des secteurs particulièrement meurtriers. Les premiers corps ont été déposés en 1926, le phare et la tour inaugurés en 1927 par A Lebrun, alors président de la République. Ce monument célèbre dans le monde entier surplombe le cimetière national où reposent 16000 corps identifiés[3].

1. Le village de Fleury, qui barrait la route de Verdun aux hordes allemandes fut copieusement écrasé par l'artillerie ennemie. Il changea seize fois de main, dont trois dans la même journée.
2. En effet une des clauses du Traité de Versailles rendait obligatoire, la couleur noire pour les symboles religieux dans les cimetières allemands, y compris les tombes collectives (*Kameradengrab*). À Verdun, les associations d'anciens poilus, ont exigé que les nécropoles germaniques soient établies hors des limites de l'ancien champ de bataille. C'est pour cette raison que le visiteur des champs de combat n'aperçoit jamais un cimetière aux croix noires.
3. La nécropole inaugurée en 1929 contient exactement 16142 corps. En 1938, un mémorial juif a été édifié mais il faudra attendre 1971, pour qu'un monument dédié aux soldats musulmans morts pour la France soit érigé.

La terre de Verdun n'a pas encore rendu tous ceux qu'elle a engloutis. Les rendra-t-elle jamais ? Car il ne se passe pas de semaine, à un endroit du vaste champ de bataille, sans que l'on mette à jour les restes d'un ou de plusieurs soldats portés disparus en 1916. Comment pourrait-il en être autrement lorsqu'on consulte ces chiffres effroyables ? Sur 1200 chasseurs de Driant, 96 survivants, au village d'Haumont 64 soldats se replient sur un effectif de huit compagnies de 250 hommes chacune, au Mort-Homme 11 poilus subsistent sur plus de 300 combattants, etc.

La terre verdunoise n'est qu'un cimetière de près de vingt mille hectares. On peut penser, sans toutefois pouvoir le préciser, qu'elle recèle encore les restes d'un très grand nombre de soldats estimés entre 120 000 et 140 000. Chaque année, l'on exhume ainsi les corps d'une trentaine de poilus dont certains demeurent identifiables. Ils iront rejoindre ceux qui gisent dans les alvéoles au cœur de l'Ossuaire de Douaumont. D'autres seront laissés à l'abandon dans des trous d'obus rebouchés par quelques fouineurs de terrain, en quête de vieilles armes, de casques... ou de sensations fortes[1].

« Vous qui passez en pèlerins près de leurs tombes,
Gravissant leur calvaire et ses sanglants chemins.
Écoutez la clameur qui sort des hécatombes.
Visiteurs, qui que vous soyez, restez humains » [2].

Reboux dans son ouvrage *Retour à Verdun* a bien décrit le champ de bataille actuel : « Que reste-t-il des hauts faits d'armes de jadis ? À peu près rien : des ravins jadis dévastés par les obus, parsemés à présent d'ossements d'hommes et de chevaux, des mares où coassent des grenouilles, des ronces s'accrochant aux fils de fer barbelés, des ruines englouties recouvertes par des arbrisseaux nés de la terre sur laquelle se traînèrent tant d'agonies... » J. Picot dans son carnet de souvenirs émet une sorte de souffrance qu'il avait ressentie lors de son voyage en 1966, dans la Meuse à l'occasion du 50e anniversaire : « La nature a repris ses droits, si bien que nous ne reconnaissions pas facilement Douaumont, Thiaumont, le Bois de la Caillette et même Fleury... Quel ancien n'a pas envié un pareil retour ? Pourtant, s'il s'accompagnait de souvenirs glorieux, il réveillait aussi une grande souffrance... » Il ne faut pas oublier que les premiers touristes

1. Le but principal de recherche de ces fouineurs, est en fait les louis d'or. En effet, même les plus pauvres des soldats français, partaient au front avec cette pièce d'or en poche. Celle-ci, donnée par la famille, permettait de pouvoir, si le besoin s'en faisait sentir, acheter des denrées ou monnayer de meilleures conditions de détention en cas de capture par l'ennemi.
2. Texte inscrit au verso d'une carte postale représentant l'Ossuaire de Douaumont, distribuée lors de son inauguration.

ont été dans les années 1920, les anciens combattants résidant dans la région parisienne et les villes limitrophes.

Les espaces bouleversés, effroyablement meurtriers des combats, de 1916, offrent aux visiteurs qui les parcourent, l'occasion d'assister à une véritable leçon d'histoire sur le terrain. Pour qu'elle raison, ces visiteurs viennent-ils encore aujourd'hui à Verdun, alors que les soldats se sont battus devant et autour de la Meuse tout au long de la Grande Guerre ? Pourquoi cette focalisation sur cette bataille au point d'occulter, pour cette même année 1916, les combats de la Somme qui furent comparables par leur horreur ?

C'est que la bataille de Verdun apparaît comme le sommet de 14-18. Aujourd'hui les touristes viennent en Meuse pour constater l'absurdité et l'atrocité de cette lutte. Mais cette explication doit être aussi marquée par le souci de mettre en parallèle les points de vue français et allemands sur la souffrance, la mort, le désespoir. Toutefois et de plus en plus, les motivations des visiteurs parcourant les lieux chargés d'histoire, évoluent avec le temps. Les touristes, mis à part ceux provenant de l'Allemagne proche[1], se recueillent de moins en moins. L'ancien combattant de Verdun W. Nothdurft[2] a esquissé une explication : « Du côté allemand la conviction d'être des forçats de la guerre a commencé à enraciner le mythe des *Frontsoldaten* (soldats du front), affrontés à la mort dans un combat inégal. La ténacité des *feldgrau*, semble avoir reposé sur les liens personnels entre *FrontKamaraden* renforcé par le sentiment du devoir (*Die Pflicht*). Et puis en Allemagne, ceux qui vécurent Verdun, ceux qui connurent l'angoisse de l'attaque, ceux qui surmontèrent l'épreuve, ceux-là n'ont pas oublié. Ils ont toujours eu l'impression d'avoir laissé quelque chose d'eux-mêmes sur les Hauts de Meuse, tout autour de Douaumont, Vaux. Et puis contrairement à la France, en Allemagne les anciens soldats ont raconté et raconté leurs misères, ce qui fait que les descendants ont été marqués par les discours (sic) des hommes qui ont combattu en France… »

Pour les Français, le but de la visite se résume en une vision des lieux dont « on a entendu parler », en somme du tourisme comme on se rend au Mont Saint-Michel ou au Viaduc de Millau ! Au total on estime à plus de 450 000, le nombre de visiteurs annuels foulant le périmètre de Verdun, cette terre qui porte encore des restes humains évocateurs de l'acharne-

1. Les statistiques annuelles démontrent en effet un plus grand nombre de visiteurs allemands à Verdun.
2. Willi Nothdurft de Bonn titulaire de la *Bundesverdienst-Kreuz Erster und Zweiter Klasse* et de la Médaille française de Verdun.

ment du combat, vestiges funestes qui devraient forcer chaque visiteur à la méditation.

Par contre, les anciens revenant sur ces lieux de misère avaient tous en mémoire les mots de Raymond Poincaré : « Ici avec une fermeté tranquille la France a répondu : On ne passe pas[1]... » Le monument aux enfants de Verdun, symboliquement démontre l'apophtegme : *À Verdun, on ne passe pas*. En effet, adossé à l'ancien rempart de la ville de Verdun, cinq soldats de pierre, symboles de la résistance française, forment barrage de leurs poitrines et semblent confirmer cette devise.

Les innombrables régiments, qui se sont succédés à la bataille, organisaient des cérémonies commémoratives, auxquelles la municipalité verdunoise se faisait un devoir de déléguer un représentant. Aussi, il a semblé que, pour glorifier sans distinction ceux qui sont venus se battre et mourir sur le champ de bataille, la ville de Verdun se devait d'organiser une cérémonie officielle annuelle et, approximativement, toujours à la même date. Après maintes discussions, cette célébration aura lieu au mois de juin, au plus près du 23, date de l'avance extrême allemande. Il fut un temps question du 21 février, mais le temps d'hiver n'était pas favorable à un rassemblement d'anciens.

La première commémoration officielle, que les ordonnateurs baptisèrent du terme de pèlerinage, se déroula le 23 juin 1920, en présence des ministres de la guerre (A. Lefebvre), celui des pensions (A. Maginot) et de l'ancien président de la République Raymond Poincaré. Le général Pétain est invité, Nivelle l'autre vainqueur de Verdun est oublié, la boucherie du Chemin des Dames lui colle à la peau. Les associations (Ceux de Verdun, On ne passe pas, etc.) et la municipalité prennent en charge l'accueil et l'hébergement des anciens poilus se rendant à cette célébration annuelle.

Les cérémonies actuelles se déroulent toujours suivant le même canevas : dépôts de gerbes au monument des enfants de Verdun, réception des pèlerins à la mairie, messe multiconfessionnelle, visites des sites historiques, repas convivial, et la relève. Ah ! Cette relève en a-t-elle fait couler des larmes ! À la nuit tombante les pèlerins se regroupent au croisement de la route de Froideterre. Flambeaux en main, les participants se dirigent vers le cimetière de Douaumont, cette montée s'effectuant dans le plus grand silence. La marche de quelques centaines de mètres est l'occasion de

1. À ce sujet la lithographie de « On ne passe pas », œuvre de C. Toche fut un gros succès de l'imagerie populaire. Enfin cette devise sera reprise par les régiments occupant la ligne Maginot de la Deuxième Guerre mondiale.

penser à ceux qui, dans le même silence, montaient au front, pour souvent ne jamais redescendre. Surtout que le phare de l'Ossuaire de Douaumont éclaire de ses couleurs le champ de bataille et que le glas rappelle s'il en était besoin, que des soldats sont morts pour que la France reste libre.

Puis, chaque personne dépose son flambeau incandescent au pied d'une croix, au hasard. On pourrait penser qu'il s'agit là d'un simple rituel, mais il n'en est rien pas, car ce geste est un symbole. En effet, le dépositaire de la torche s'engage, si ses pas le ramènent à Verdun, à venir se recueillir devant cette même tombe. Le pèlerin devient en quelque sorte le parrain du défunt, en remplaçant la famille qui, hélas ne vient plus honorer son ancêtre[1].

Quatre-vingt-dix ans ont passé depuis la bataille et ceux qui ont combattu, connu ce cataclysme, ont disparu et pour la plupart restent des « oubliés de l'histoire ». L'association « Ceux de Verdun » pérennise le souvenir des poilus de Verdun. Chaque année, l'amicale de Verdun reçoit des centaines de demandes de renseignements de familles françaises concernant leur ancêtre combattant de ce secteur particulièrement meurtrier. De toute façon chaque membre de notre association a pour idée directrice de contredire la phrase de Roland Dorgelès[2] : « L'oubli… cela tombe comme une pelletée de terre sur un cercueil ».

Les jeunes générations ont voulu faire de Verdun, la capitale des villes martyres et de la paix. Toutefois il faudra prendre garde à ne pas opposer le cri fédérateur de « On ne passe pas » à celui légitime de « Plus jamais ça[3] ». Et surtout ne jamais oublier qu'à la base, il convient de se souvenir de l'héroïsme de ces soldats souvent très jeunes, appelés les poilus de Verdun. Car en fait tous ces soldats, pour la plupart, endossaient l'uniforme dès l'âge de 19 ans, pour servir la France, pour mourir pour elle, comme le proclamaient les paroles des chansons de l'époque[4]. À Verdun, le combattant était devenu un surhomme, parfois un genre de bête humaine formée au combat : « Il fallait y aller et tenir. Tenir, oui, mais avec 65 % de pertes, 50 dans le meilleur des cas… », disait un rescapé en 1976.

Et pour pérenniser le souvenir de ces « vaillants », la ville de Verdun est certes la ville de la paix, mais elle a été également à l'origine d'un

1. « Je renverse sur vous les feux de mes flambeaux, et je monte la garde autour de vos tombeaux » écrivait E. Verhaeren.

2. In *Le réveil des morts*, Paris, 1933.

3. Formule reprise dans une allocution prononcée par F. Lefort, président de la Fédération de Ceux de Verdun : « Celles et ceux qui viennent, qu'ils soient français ou allemands, aux sources d'un drame, proclament cette vérité : Plus jamais ça… »

4. Les chants militaires claironnaient : « N'est ce pas le sort le plus beau, le plus digne d'envie… »

symbole fort. En effet c'est dans cette cité que fut désigné en 1920 le Soldat inconnu dont le corps repose sous l'Arc de Triomphe à Paris.

C'est par l'adoption d'une loi, à la Chambre des députés, le 8 novembre 1920, que fut décidée cette désignation[1] : « Les honneurs du Panthéon seront rendus aux restes d'un des soldats non identifiés au champ d'honneur au cours de la guerre 1914-1918. La translation des restes de ce soldat sera faite solennellement le 11 novembre 1920. Le même jour, les restes du Soldat inconnu seront inhumés sous l'Arc de Triomphe… »

Restait alors à choisir la dépouille de l'inconnu. Le ministre des beaux-arts, M. Honnorat orchestra l'ensemble du processus avec un souci constant de simplicité. Les corps de soldats seront alors exhumés dans les secteurs connus pour être les plus meurtriers, et donc huit lieux furent choisis[2]. Le prélèvement de ces dépouilles devait répondre à des règles strictes: « Impossibilité d'établir l'identité personnelle mais le corps devait être reconnu comme celui d'un militaire servant sous l'uniforme français ».

Le 9 novembre, les huit corps, placés dans huit cercueils de chêne, sont déposés dans une des pièces de la citadelle souterraine de Verdun. Le 10 novembre tout est prêt. À quinze heures, le ministre des pensions, A Maginot remet un bouquet de fleurs au soldat A Thin, en lui déclarant: « Soldat, voici un bouquet de fleurs. Vous le déposerez sur l'un des huit cercueils qui sont ici. Celui que vous choisirez, sera le Soldat inconnu que le peuple français, accompagnera demain sous l'Arc de Triomphe ».

L'histoire n'a toutefois pas retenu, qu'à l'origine, le soldat désigné était un combattant originaire des Antilles, plus précisément de Martinique, appartenant au même régiment que A. Thin. Le colonel du 132e RI[3], voulait certainement honorer un « Citoyen français des quatre colonies », en désignant ce Martiniquais. Malheureusement ce soldat, dont on a oublié le nom, fut le matin de la cérémonie, frappé de typhoïde et transporté à l'hôpital dans un état grave.

1. L'idée originelle avait été émise par M. Simon, président du Souvenir Français de Rennes, dès la fin de l'année 1916. Reprise en 1918, par M. Maunoury, député d'Eure et Loir, c'est finalement G. Leygues qui fit adopter la loi.
2. Il s'agissait des secteurs de: Flandres, Artois, Somme, Île de France, Chemin des Dames, Champagne, Lorraine et Verdun. Il faut signaler que, correspondant aux secteurs d'inhumation, neuf cercueils avaient du être déposés dans une chapelle ardente. Mais au dernier moment, un doute est apparu sur un des corps, prélevé en Alsace, en rapport avec la règle de base du choix.
3. La devise de ce régiment était: Un contre Huit. Cette unité est devenue en 1977, le 132e groupe cynophile de l'armée de terre, basée au camp de Suippes en Champagne.

Très ému, le poilu A. Thin[1], remplit sa délicate mission. Lors d'un exposé dans les années trente, il révéla sa méthode, afin de désigner le cercueil : « Il me vint une pensée simple. En additionnant les chiffres de mon régiment (le 132e RI), j'ai trouvé le chiffre six. De plus j'appartenais au sixième corps d'armée. Ma décision était prise, ce sera le sixième cercueil… »

Le Soldat inconnu ainsi désigné, le cercueil est alors chargé sur une prolonge d'artillerie pour être amené jusqu'à la gare, puis être convoyé à Paris. Avant le départ du train, Roland Dorgelès, sur le quai de la gare fit une dernière déclaration : « Ce mort, c'est l'enfant de tout un peuple en larmes, l'enfant de tous ceux qui n'attendent plus l'impossible retour d'un fils, d'un mari, d'un frère… Il peut s'en aller sans parents, vers l'Arche Triomphale, des milliers de mères le pleureront ce soir… »

Le 11 novembre, pendant la cérémonie au Panthéon, celle de l'Arc de Triomphe à Paris[2], A Thin assistera à l'absoute des sept inconnus restés à la Citadelle. Sept tombes anonymes au cimetière de Faubourg Pavé de Verdun, où de nombreux visiteurs se seront recueillis depuis l'année 1920.

Aujourd'hui, de nombreuses hypothèses sont émises sur l'origine de ce Soldat inconnu devenu illustre. Que n'a-t-on entendu ou lu sur ce sujet : le soldat serait un africain, un homme issu des troupes algériennes, marocaines, indochinoises, etc. Certains farfelus ont émis le désir de prélever l'ADN sur cette pauvre dépouille, un élément d'uniforme ou tout autre objet prouvant l'origine du corps. On peut alors songer au célèbre poème de la légion étrangère : «…Qui sait si l'inconnu qui dort sous l'Arche immense, n'est pas un fils de France, non par le sang reçu, mais par le sang versé… » Ou bien méditer cet extrait d'article, paru dans l'Information du 12 novembre 1920 signé par l'ancien poilu R. Gentil : « La voici la dépouille du Soldat inconnu, ce pauvre frère anonyme désigné à Verdun, pour que les autres puissent vivre et jouir de la vie, en paix… »

Avant d'atteindre la gare de Verdun, et cela très peu d'historiens le précisent, le cercueil anonyme et son escorte s'arrêtèrent devant la mairie de la ville. Là le maire de la cité épingla sur la bannière tricolore un exemplaire de la médaille de Verdun.

1. A. Thin né en 1899 à Cherbourg, était dans le civil commercial aux magasins Félix Pottin à Paris. Il faisait partie après guerre, de la « Légion des Mille », qui regroupait les plus jeunes engagés volontaires.

2. En fait c'est à la date du 28 janvier 1921, lors d'une cérémonie présidée par L. Barthou, ministre d'état, que le corps de l'inconnu sera déposé dans la crypte, lieu de repos éternel.

L'histoire de cette distinction honorifique mérite d'être contée. Cette illustre décoration fut créée, le 20 novembre 1916, par le conseil municipal de Verdun réfugié alors à Paris[1]. L'adjoint Beulier, faisant fonction de maire, édicta le texte accompagnant sa création : « La ville de Verdun, inviolée et debout sur ses ruines, dédie cette médaille en témoignage de sa reconnaissance... » L'attribution de cette décoration est soumise à un contrôle très strict : « Seuls ont droit au port de cette médaille les combattants des armées françaises ou alliées qui se sont trouvés en service commandé dans le secteur de Verdun... »

En avril 1922, est décidé que tout récipiendaire verra son nom inscrit au Livre d'Or des Soldats de Verdun. Depuis cette date, chaque « médaillé » reçoit un diplôme indiquant le numéro d'inscription au Livre d'Or. Ces livres, où figurent entre autres les noms des présidents Auriol, Coty, de Gaulle, sont déposés à l'intérieur d'une crypte creusée au pied du monument de la victoire au centre de la ville de Verdun[2].

Le premier modèle de cette décoration, dit Vernier, créé en 1917 est caractéristique. Son ruban est de couleur rouge, comme celui de la légion d'honneur, avec de chaque côté un liseré tricolore. Sur l'avers figure le buste de la France, coiffée du casque Adrian et tenant un glaive. Au-dessus est gravée en exergue la devise des poilus de Verdun, « On ne passe pas ». Au revers, on peut voir incrustée la représentation de la Porte Chaussée, monument symbolique, puisque la plupart des poilus montant au front passaient sous son arche.

L'original est en bronze, mais il existe de nombreuses variantes en argent, bronze doré et même plus rare en or. Cette médaille, on peut s'en étonner n'est pas officielle[3]. Malgré de nombreuses joutes oratoires, le Parlement fut intraitable, sans doute pour éviter la profusion inconsidérée de reconnaissances de la Grande Guerre. En effet les batailles de la

1. C'est à partir de juillet 1916, que le conseil municipal de la ville se réfugie à Paris dans les locaux de l'ancien ministère du culte, rue de Bellechasse. À la même période, le sous-préfet en poste à Verdun sauva du bombardement et donc de la destruction, les quelques 50 000 volumes de la bibliothèque municipale en les déposant à Riom dans le département du Cantal.

2. Œuvre de l'architecte Chesnay et du sculpteur Boucher, il est surmonté d'une sorte de chevalier armé d'un glaive. Ce monument fut inauguré le 23 juin 1929 par le président de la République Georges Doumergue en présence du président du Conseil Raymond Poincaré et du maréchal Pétain. Le sculpteur avait alors décrit son idée de conception du monument : un chevalier tourné vers l'est, qui veille sur la ville de Verdun.

3. Il faut remarquer que le texte officialisant sa création faisait mention d'une insigne honorifique.

Somme, la Marne, l'Aisne, l'Artois, l'Argonne, de Vauquois, d'Arras, etc., ont été reconnues par ce que l'on appelle depuis, des médailles commémoratives.

Celle de Verdun fut très arborée, même si le port en public reste officiellement interdit par décret du 6 novembre 1920. Par contre, dans l'ordonnancement officiel du port des décorations, il est admis que la médaille de Verdun soit placée après les décorations officielles françaises ou étrangères.

Mais la plupart des récipiendaires l'agrafaient au revers de la veste, démontrant ainsi qu'à leurs yeux, elle avait plus de valeur que la Légion d'honneur ou la médaille militaire.

Enfin la municipalité de la ville institua, pour récompenser les personnes œuvrant pour le souvenir de Verdun, une médaille dite « de table ». Celle-ci, également surnommée « plaquette », fut décernée pour la première fois en 1932. En 1965, fut créée la médaille internationale de la paix, délivrée à celles et ceux qui militent en faveur de la paix.

Bien entendu, le souvenir se traduit par de la bimbeloterie, au goût plus ou moins respectueux. Faut-il approuver ou blâmer le Verdun commercialisé, c'est-à-dire la reproduction de légendes gravées dans certains objets comme des assiettes, du papier à lettres ou des images reproduites sur des stylos ? À l'heure ou pour la majorité des femmes et des hommes, l'image, le gadget, ont de plus en plus d'importance, je pense que dans la mesure où les bornes de la décence ne sont pas dépassées, ces objets font partie intégrante de l'évocation du souvenir. On peut regretter toutefois que la lecture d'ouvrages soit abandonnée au profit de l'image. Dernièrement un des responsables du Mémorial de Verdun[1], me confiait que contrairement aux années passées, la vente de cassettes vidéo dépassaient très nettement celle des livres. Pourtant, c'est dans la lecture d'ouvrages spécialisés que le visiteur trouvera les relations de la bataille. Rappelons à ce sujet que le cinéma militaire n'était qu'à ses premiers balbutiements en 1916. Les quelques images de l'époque sont répétées dans tous les documents présentés à la vente.

La ville de Verdun est réputée pour son histoire, pour la dragée, mais aussi dès les années 1920, pour son autre spécialité, moins connue mais tout aussi originale et en rapport avec la bataille, celle de « l'obus

1. Le plus grand musée sur la guerre de 14-18 au niveau européen. Les collections proposées à la visite par le Mémorial ont été gracieusement offertes par les anciens poilus ou par des familles, lors du décès de ces vétérans, respectant ainsi le vœux formel émis par les anciens combattants de Verdun.

explosible » (sic). Il s'agit d'une réplique d'obus en chocolat comportant une mèche. Celle-ci allumée permet en fin de combustion, de faire exploser l'obus, libérant sur la table, dragées, bonbons et mirabelles. L'effet de surprise est garanti. La création de cette spécialité est l'œuvre du célèbre fabriquant de dragées Braquier, qui eut l'idée de cette fabrication en 1925.

Enfin en 1916, au cours de la bataille, est créé l'Office National des Anciens Combattants (ONAC) [1], établissement public, rattaché au ministère des anciens combattants et victimes de guerre. C'est, en effet, la lutte en Meuse effroyablement destructrice, qui est à l'origine de la création de ce service. Celui-ci avait pour but de répondre aux besoins matériels et moraux des victimes civiles et militaires de la Première Guerre mondiale. La mission de l'ONAC, s'est adaptée bien entendu, aux nécessites de chaque époque. Aujourd'hui, elle défend les droits, les valeurs, la mémoire du monde combattant. La devise inscrite sur le logo de ce service, Mémoire et Solidarité, résume bien ses deux missions, complétée en fond par le bleuet, qui est devenu la fleur symbole des combattants français.

On le voit le souvenir de la bataille de Verdun, peut revêtir de multiples aspects. Mais il doit rester l'objet d'un culte de reconnaissance et d'admiration. À Verdun, devant la douleur et la mort, devant le courage ou la peur, on ne pouvait pas tricher. « Nos souffrances ont été indicibles, elles ne peuvent se raconter. Ce sont des choses incommensurables, l'angoisse et la mort. On était seul avec un copain parfois… Il y avait le moral, la camaraderie et le courage des hommes. On ne parlait jamais des grands chefs parce que les grands chefs étaient trop loin du champ de bataille… » [2]

Devant ce constat, augmenté de celui de la fraternité qui unissait ces hommes, il faut raconter et décrire ce que fut le combat sur les terres meusiennes. Nos ancêtres, les poilus, n'ont pu narrer leur vie quotidienne au front. Maurice Genevoix l'avait si bien exprimé : « Nous avons connu l'incommunicable », écrivait-il. Depuis le début de mon intérêt pour la bataille de Verdun et la Grande Guerre en général, j'ai adopté cette phrase du philosophe Alain[3] : « Je voudrais entendre les morts parler de la guerre ».

1. À ce jour, le nombre de ressortissants de l'ONAC, est évalué à environ 4 millions.
2. Témoignage de J. Créange, déjà cité.
3. Émile Chartier dit Alain, essayiste et philosophe. Son ouvrage *Éléments de philosophie*, montre un penseur soucieux de rendre l'homme maître de ses passions. Il fut un ardent adepte du pacifisme.

Nous avons tous, quel que soit notre rôle dans la société actuelle, l'obligation morale de pérenniser le souvenir de cette bataille et à fortiori de cette guerre qui devait être la « Der des Der ». Parce que le devoir de mémoire est indissociablement lié à la transmission du témoignage[1], ce qui nous oblige à être des « passeurs » comme celui qui possède le témoin dans une équipe de relais en athlétisme. Il est nécessaire que chacun prolonge l'histoire, notre histoire et que se perpétue ce magnifique héritage.

1. Par exemple qui se souvient, même parmi les plus grands historiens que les responsables des deux états-majors durant la bataille de Verdun, c'est-à-dire le général Pétain et le Kronprinz, ont disparu la même année (1951), le même mois (juillet) à deux jours d'intervalle !

ÉPILOGUE

« La vérité appartient à ceux qui la cherchent
et non à ceux qui prétendent la détenir… »
Condorcet

1916 est dans la mémoire collective comme l'année de Verdun[1], mais il ne faut pas oublier les autres champs de bataille, où les soldats français et alliés ont souffert pour empêcher les soldats allemands de passer.

Tout a été dit sur l'enfer de Verdun, la brutalité de cette bataille, et tous les qualificatifs appliqués au courage, à l'abnégation des poilus ont été épuisés, mais leurs motivations restent encore à l'étude. La bataille de Verdun est avec celle de la Marne, un des épisodes les plus populaires de la Première Guerre mondiale. Et cela pour une raison identique, car en ces deux circonstances, les soldats ont barré la route de Paris aux hordes allemandes.

Ces lignes ne prétendent pas illustrer la totalité de la bataille. On ne peut montrer l'indescriptible en quelques pages. Ce n'est qu'un simple hommage à ceux qui devinrent des héros sans l'avoir voulu. Les survivants, ceux qui sont morts, sont entrés dans la légende pour avoir écrit avec leur sang, cette terrible page de notre histoire.

L'enjeu de cette lutte est aujourd'hui oublié. Ce qui reste de Verdun, c'est le refus d'un peuple de soldats de subir la loi du plus fort et du plus

1. Le nom de Verdun est devenu synonyme de bravoure, de générosité. Pendant des siècles le nom de Verdun retentira comme une clameur de Victoire et comme un cri de joie poussé par l'humanité délivrée. Tel s'exprimait le Pasteur Poujol, lors d'une conférence à Paris au profit des prisonniers de guerre, le 15 décembre 1917.

armé. Verdun est un défi lancé à l'héroïsme, au patriotisme du combattant, de ses chefs et de tous ceux qui ont participé aux efforts d'une bataille devenue globale. La victoire de Verdun est due au courage fantastique de tous ceux qui proclamaient : Ils ne passeront pas ! Car on avait dit et redit à ces combattants du droit, il faut tenir, ils ne passeront pas, et... ils ne sont pas passés[1] !

Ces soldats, qu'ils soient officiers, aumôniers, tirailleurs des colonies, pour la plupart paysans, ont basculé dans l'une des plus énigmatiques boucheries de l'histoire. Un célèbre romancier a rendu un hommage appuyé à ces poilus : « En vérité ces fermiers, ces vignerons, ces ouvriers, ces employés, auront eu un rôle magnifique dans la guerre. Il faudra que l'histoire le dise, et que les lois se décident à aimer et à favoriser ces héros silencieux qui auront tant fait pour la sauvegarde de notre beau pays... » [2]

Verdun a été, en un sens, le sacrifice d'un peuple qui désirait rester libre. C'est également une des premières protestations d'un peuple contre une forme de guerre qui prétendait, en tuant d'un seul coup des milliers d'hommes, empêcher la guerre. La victoire est la conséquence de la résistance désespérée d'un peuple, assurant sa survie au prix d'une décimation ressemblant à un holocauste. Cette résistance est le début d'une longue série de luttes populaires comme celles héroïques de l'Espagne et de la France de la Deuxième Guerre mondiale.

Car le général Falkenhayn avait sous-estimé cette capacité, cette volonté de défendre le sol national. Ce désir d'empêcher les hordes allemandes d'occuper notre France, ne peut pas simplement être le résultat des grands thèmes patriotiques inculqués dès la plus tendre enfance par l'école : Il faut reprendre l'Alsace et la Lorraine. Bien plus simplement, pour le soldat de Verdun, le « devoir » ne se discutait pas. Il y consentait sans enthousiasme avec résignation, mais il le faisait avec une « conscience professionnelle ». Ce qui a permis à ces soldats de tenir, c'est la croyance en une victoire finale. Une seule chose leur rendait le courage de vivre, de lutter, l'avenir et les jours forcément meilleurs qui allaient en découler. Un témoin, au cours du pèlerinage de 1987 m'a affirmé : « La fidélité aux copains, l'une des raisons de tenir ».

La bataille de Verdun a marqué un changement de mentalité parmi les grands chefs de l'état-major allemand : avant, l'Allemagne ne doute pas de sa victoire, après, elle a compris qu'elle n'était plus invincible. Pour confirmer ce point de vue le thème de « Verdun, pompe à sang », apparaît dans

1. Les anciens disaient avec un brin de malice : « et ils n'ont pas passé ».
2. René Bazin in *Aujourd'hui et demain*.

les sources allemandes dès le mois d'août 1916, car les grands chefs allemands ont estimé déjà, que l'attaque de Verdun en direction de Paris a échoué. « Verdun a épuisé nos forces, a dit le maréchal Hindenburg, comme une blessure qui ne se referme plus… ».

Et puis les officiers allemands se sont trompés lorsque, avec un anéantissement industriel, ils pensaient rendre le terrain invivable. Certes le champ de bataille fut bouleversé, désertique, empoisonné, mais il n'était pas indéfendable. Le poilu de Verdun en a fourni la preuve, contredisant le général von Trotha qui déclarait avant l'assaut du 21 février : « Verdun, ce sera une affaire vite réglée, car les combattants français ne possèdent pas une résistance énergique… » Enfin le poilu, homme de cœur brave et courageux, débrouillard, résistant, lutta jusqu'au bout de ses forces. Cela *le Nachrichten-Dienst*, le service de renseignement allemand, n'avait pu le détecter.

C'est à ce titre que Verdun reste et restera l'événement majeur de l'année 1916.

La victoire de Verdun, c'est également la dénonciation de la guerre. J'ose espérer que c'est aussi l'œuvre de mémoire, celle qui conduit les jeunes Français et Allemands à dire ensemble d'une même voix : Plus jamais ça !

Car, dans le florilège de gloire de Verdun, si chargé d'actions fabuleuses, la tradition populaire a retenu des personnages dits de légende : Driant et ses chasseurs, Raynal et les défenseurs du fort de Vaux, Polimann et la tranchée des baïonnettes, etc. Par contre elle n'a jamais répondu à la question de savoir qui est le véritable vainqueur de Verdun, Nivelle, Pétain, Mangin ? Pour la grande majorité des chercheurs et historiens, la victoire de Verdun à l'évidence, doit être attribuée aux fantassins français. Il faut rendre justice et honneur aux combattants des premières lignes, qui, souvent, par leurs récits discréditaient quelque peu leurs propos.

Combien de fois leurs histoires incroyables déclenchaient de la part de la famille : *Le pépé a perdu la raison, il ne sait plus ce qu'il raconte* ou encore *tais-toi pépé, tu nous ennuies avec ta guerre* ! Combien de descendants de ces soldats m'ont avoué regretter aujourd'hui de ne pas avoir interrogé ou simplement porté une oreille attentive aux paroles de leur aïeul ! J'ai toujours gardé en mémoire l'affirmation d'un de ces anciens combattants, rencontré près du Mort-Homme en 1984, qui terminait son récit : « Il faut voir pour comprendre ». Il a voulu, par une autre phrase, me confier sa détresse de ne pas être cru, surtout lorsqu'il ajouta : « Tous ces villages détruits, ces cadavres entassés sans sépulture autour de nous, en pleine décomposition, empuantissant l'air, et chaque jour de nouveaux cadavres,… un enfer ».

Depuis les années 1950, les anciens combattants français et allemands se sont retrouvés à Verdun, à Douaumont, derrière leurs drapeaux, afin de bâtir une réconciliation. Car pour eux, quel que soit le trou d'obus qu'ils occupaient, quelle que soit la patrie qu'ils défendaient, ils avaient partagé sur ce terrain de Verdun, les mêmes souffrances, les mêmes peurs, les mêmes espérances. Ceux de Verdun, ont ainsi voulu arriver à obtenir la paix, en ouvrant une brèche dans le rang des irréductibles de la lutte armée.

Cette nouvelle idée d'une entente cordiale entre la France et l'Allemagne s'est concrétisée le 23 juin 1963. Ce jour-là fut conclu un « traité de Verdun » qui scellait la réconciliation des deux frères ennemis[1]. Puis le président Mitterrand et le Chancelier Kohl, main dans la main, ont dans un communiqué commun déclaré : « Nos deux peuples sont engagés sur le chemin de la paix et de la coopération dans l'amitié ».

Quatre-vingt-dix ans ont passé depuis cette sinistre lutte. Ceux qui ont connu ce cataclysme ont disparu. L'Armistice signé, certains ont porté *ad vitam aeternam*, les séquelles de cette bataille. Mais tous n'ont pu oublier un seul jour qu'ils ont été, bien malgré eux, les acteurs privilégiés de ce terrible engagement. Pourtant il s'agissait là d'une période de leur existence que ces hommes ont, des années durant, tenté d'occulter.

Ceux de Verdun ont donc bien mérité de la Patrie, mais comme le proclamait l'ancien président de la fédération de Ceux de Verdun, leurs descendants et leurs amis : « De plus en plus on nous oublie… ». Le 90e anniversaire de cette bataille sera sans doute l'occasion de raviver le souvenir, mais aussi de rendre l'honneur et la reconnaissance à « Ceux qui ont des droits sur nous » [2]

Cette idée a été sculptée dans le marbre d'un monument du Mort-Homme, sur la rive gauche de la Meuse : « Qui que tu sois, Français qui passe, arrête-toi et salue. Donne un peu de ton cœur à Ceux qui sont morts ici pour toi ». Car n'oublions jamais que « L'honneur d'un peuple appartient aux morts, les vivants n'en ont que l'usufruit » [3]

1. Cet accord avait été précédé d'une rencontre entre le général de Gaulle et le chancelier Konrad Adenauer. Au cours de son allocution le général reconnaissait : « Après tout nous sommes tous deux des carolingiens… »

2. Phrase extraite d'un discours de Clemenceau à la Chambre des députés après la Victoire de 1918. Certains anciens de Verdun ajoutaient à ces paroles : « Ils ont des croix sur eux ».

3. Georges Bernanos, *Les grands cimetières sous la lune* (1937).

ANNEXES

Les cimetières militaires en Meuse

Au cours de la bataille, les belligérants ont essayé de donner une sépulture décente à leurs morts. Lorsque cela était possible, les corps sont alors transportés à l'arrière, où ils seront inhumés dans des cimetières improvisés. Mais les dépouilles des soldats frappées par les obus et gisant au milieu des trous, ne peuvent pas toujours être éloignées du front. Lors des rares accalmies, les brancardiers se hâtaient pour récupérer quelques corps et les ensevelir au mieux. Des milliers de dépouilles sont ainsi inhumées à proximité des premières ou des deuxièmes lignes. La grande majorité de ces nécropoles improvisées ont été plus ou moins bouleversées par le bombardement.

Au lendemain de l'Armistice, les autorités de l'État décidèrent d'exhumer les cadavres des soldats ensevelis et de les regrouper dans des cimetières militaires ordonnés ou dans des ossuaires. Cette décision répondait en fait à un triple souci : celui de faciliter l'entretien des tombes, de pérenniser le souvenir des héros tombés au cours de la bataille et, enfin, celui de rendre à la culture des milliers d'hectares de terres.

Les familles ont souvent souhaité le retour du corps de leur proche pour l'ensevelir dans le cimetière de leur commune. Toutefois, le coût du transfert des dépouilles, l'infrastructure d'une telle entreprise et également l'incertitude de l'identité des corps retrouvés constituèrent un frein à ce souhait légitime.

Le seul moyen d'identification formelle des cadavres était, à l'époque, constitué par deux plaques d'identité. Les cordons d'attache de ces plaques d'identité portées par les soldats étaient de très mauvaise qualité. De plus les soldats, contrairement au règlement, fixaient ces deux moyens d'identité à un bracelet au poignet[1]. Ces plaques servaient également à l'identification des corps dans le cas d'une exhumation ultérieure : l'une devait être remise à l'officier de l'état civil (en principe un officier du régiment), l'autre restait sur le cadavre. De nombreuses preuves d'identité ayant disparu pendant la lutte, expliquent en partie la proportion importante des « inconnus » [2].

Contrairement à ce que l'on peut penser, la non réalisation du vœu des familles est à l'origine de l'érection des monuments aux morts dans les communes de France. En effet, ne pouvant rapatrier le corps de leur défunt, elles demandèrent à disposer d'un lieu de recueillement pour les aider à effectuer, « leur travail de deuil ». Ainsi, les monuments aux morts sont des cénotaphes, sur lesquels sont gravés les noms de ceux dont on ignore les corps, alors que les ossuaires regroupent les corps dont on ignore les noms. Au sujet de ces monuments, dans une précision linguistique qui me paraît trop pointilleuse, on ne doit plus parler de monuments aux morts, mais de monuments aux combattants, puisqu'il « n'y a pas de mort dessous ». Seul l'Arc de Triomphe à Paris mérite le titre de monument aux morts, car il abrite le corps du Soldat inconnu[3] !

L'agencement des cimetières français est défini par une loi de 1927. Elle prévoit une entrée, des alignements de doubles tombes, partagés par une allée centrale menant à un mat sur lequel doit flotter en permanence le drapeau national. Généralement situés en bord de route, ils gardent aujourd'hui encore ce même agencement. À l'entrée, placé dans un coffret de métal ou de pierre, se trouve un livret répertoriant la liste des soldats inhumés. Malheureusement de nos jours, ces livrets ne sont plus présents, par suite de l'œuvre de sombres vandales !

Une particularité des nécropoles françaises est à signaler, celle du plus grand éventail de types de croix ornant les tombes, et par là même de

1. L'usage voulait qu'une plaque soit portée au poignet et l'autre autour du cou.

2. Les tombes de ces inconnus se reconnaissent par l'inscription : inconnu pour les Français, *Unbekannter Soldat*, un soldat inconnu pour les Allemands, et *Known unto God*, connu de Dieu seul, pour les Américains.

3. De toute façon, les monuments du souvenir devraient tous faire apparaître cette gravure : *Lapides clamabunt*, les pierres témoigneront…

consciences individuelles: croix latine, israélite marquée de l'étoile de David, libre-penseur et stèle musulmane orientée vers Mecque[1]. Chaque croix livre le nom et prénom, le régiment du soldat, la date du décès et la mention mort pour la France. À noter que cette dernière mention n'est pas indiquée lorsque la mort est la conséquence d'un suicide. Malheureusement le béton des croix se délite de jour en jour, laissant apparaître des tiges d'acier rouillées. Le service des sépultures militaires devra se pencher sur ce problème qui est peu respectueux de la souffrance des morts pour la France. Les plus beaux cimetières, si je peux employer ce terme, sont sans contexte ceux des Américains, aux croix en marbre blanc. Enfin depuis le 29 octobre 1921, en France, une loi confère à vie aux familles des victimes, le droit à un pèlerinage annuel auprès de la tombe de leur défunt, aux frais de l'État[2].

Les terrains des nécropoles sont la propriété de l'État. Ceux des autres cimetières (anglais, américains, allemands, etc.) sont concédés par la France aux différents belligérants afin qu'ils regroupent leurs morts, par contre l'article 225 du traité de Versailles prévoyait l'entretien mutuel des tombes.

Les cimetières allemands présentent de nombreuses particularités. Celles-ci sont issues de contraintes imposées à l'Allemagne lors de la signature du traité de Versailles. Le cimetière est discret, et les tombes ne sont pas surmontées de croix ou de stèles de couleur blanches comme celles des Alliés[3]. La nature est prioritaire, les arbres cernent les nécropoles, mais l'ensemble (toujours selon le traité) doit dégager une atmosphère austère, d'où l'absence de plantations de fleurs. Chaque tombe contient plusieurs corps, et se rassemble autour d'une grande croix noire centrale.

Le *Volksbund Deutsche Kriegsgräberfürsorge* (VDK), a été fondée en 1919 afin d'organiser les cimetières militaires allemands. Ce n'est qu'en 1966, que ces nécropoles seront placées sous la tutelle administrative de la VDK et non plus sous celle de l'État français. Depuis l'entretien de ces cimetières est assuré par le SESMA (Service pour l'Entretien des Sépultures Militaires Allemandes), filiale de la VDK.

1. Les tombes des non-chrétiens sont souvent situées à l'arrière du cimetière.
2. Une récente statistique de la SNCF, chiffre à 600 personnes le nombre de ces voyageurs du souvenir, ayant effectué en 2000 le trajet gratuit, en direction des cimetières de la Grande Guerre.
3. En effet les signataires du traité considéraient que la couleur blanche représente la pureté et la paix. La couleur noire est donc attribuée aux Allemands considérés à l'époque comme des agresseurs et des barbares.

Le trouble que chaque visiteur éprouve lorsqu'il pénètre dans un de ces cimetières a été bien décrit par le poète allemand Mosse : « Les cimetières allemands laissent dire la mort ».

Enfin, lors d'un voyage à Verdun, les visiteurs ont toujours été étonnés par des panneaux indicateurs désignant les cimetières américains. Les soldats de l'oncle Sam n'ont pas participé à la bataille, mais ils ont combattu en Meuse. Les nécropoles sont majestueuses et comportent une chapelle œcuménique et de grandioses monuments[1].

Les cimetières militaires portent en eux un contraste, celui du bruit de la bataille et celui du silence éternel. Hélas, la gestion et le maintien de ces sites douloureux sont de plus en plus à l'ordre du jour. Est alors évoquée la possibilité de les regrouper ou même de les remplacer par un simple mémorial. Les raisons sont malheureusement multiples, gains de place ou d'argent, construction d'une autoroute, d'une ligne de TGV, ou même d'une décharge publique ! [2] Gardons ces lieux de mémoire tant qu'il en est encore temps, car ils sont nos paroles d'adieux aux soldats qui ont donné pour la France, le plus grand bien, c'est-à-dire la vie.

Les cimetières français sont particulièrement nombreux en Meuse. Je ne citerai que les plus importants : Douaumont, Glorieux à Verdun, Avocourt, Dugny, Beaumont, Bras sur Meuse où l'on peut voir la tombe du caporal Micol, fondateur d'un des premiers journaux de tranchées *Le Son du Cor*. Celui de Lemmes, dans lequel se trouvent les tombes d'aviateurs célèbres comme G. Boillot, M. Brindejonc des Moulinais. Enfin le cimetière du Faubourg Pavé à Verdun, où ont été inhumés les 7 cercueils de la désignation du Soldat inconnu, et particularité, il comporte en son sein un des très rares monuments aux fusillés morts pour la France durant la guerre de 14-18.

Les cimetières allemands sont moins nombreux et, je l'ai dit, surtout moins accessibles pour les visiteurs : Azannes, Damvillers, Mangiennes, et le plus connu Consenvoye.

À signaler également le cimetière américain de Romagne-sous-Montfaucon, qui mérite une visite. Composé de 14000 tombes en marbre de Carrare, il est le plus important d'Europe. La spécificité de cette nécropole, dont le terrain appartient aux États-Unis, réside dans le fait qu'elle renferme le corps de quelques civils morts par fait de guerre, comme les infirmières. La Meuse recèle également des nécropoles dont la visite est

1. Les livrets d'accueil des visiteurs mentionnent en préambule : *Good Chap*, sacré gars.

2. Ce projet est prévu sur le site du Chemin des Dames, au lieu dit la Butte des zouaves, d'après un de mes correspondants, président de l'association Soissonnais 14-18.

instructive, même si cela ne concerne pas la bataille de 1916: cimetière du Trottoir aux Eparges, de Vauquois, et celui très original de la Forestière, à la lisière de l'Argonne. Au pied de chaque croix, des hortensias ont été plantés, lesquels lorsqu'ils sont fleuris, font apparaître des fleurs bleues, blanches et rouges.

Itinéraires succincts de visite

Pour la visite des champs de bataille de Verdun et de la Meuse, il est recommandé de disposer d'un bon livre guide, qui replace les lieux dans leur contexte historique.

Le visiteur disposant de peu de temps aura un aperçu intéressant de la bataille en visitant la citadelle souterraine, les forts de Vaux et de Douaumont, l'Ossuaire et le Mémorial de Fleury et la tranchée des baïonnettes. Mais les circuits de visite, on l'aura deviné, ne peuvent se résumer à ces quelques lieux médiatiques. Il est important de se rendre au fort de Tavannes. Certes, son rôle dans la bataille fut négligeable, en raison de sa vétusté et de son manque d'armement, mais tout de même, des soldats vécurent là sous le terrible bombardement. À quelques pas de là, le tunnel de Tavannes où, on l'a vu, se déroula une des pires tragédies de la bataille.

En direction du fort de Vaux, la vallée révèle le monument des fusillés de Tavannes. À cet endroit, seize résistants furent fusillés par les Allemands en 1944. Sur le versant nord, on peut voir l'ouvrage de la Laufée qui joua un rôle important après la chute du fort de Vaux.

Avant d'arriver au carrefour de la chapelle Sainte-Fine, sur la gauche, le fort de Souville (hélas interdit à la visite en raison de possibles éboulements) révèle la casemate Pamart, ressemblant étrangement à une tête d'éléphant. Puis quelques mètres plus loin, on peut emprunter un boyau célèbre, celui des Caurières ou de la Caillette, qui reliait Verdun aux forts de Douaumont et de Vaux. Le panneau indicateur fait mention de la terrible phrase: « l'un des tragiques chemins par lequel des milliers de soldats sont montés vers la mort ».

En poursuivant le chemin vers la zone de Douaumont, on arrive sur l'esplanade du Mémorial de Fleury, le plus grand musée de la bataille de Verdun. Il fut érigé en 1967, par le Comité National du Souvenir de la Bataille de Verdun (CNSBV), sur les lieux mêmes de l'ancienne gare du village de Fleury devant Douaumont. L'Ossuaire se visite, il est même possible d'accéder tout en haut du phare, d'où le visiteur peut avoir un point de vue exceptionnel sur le champ de bataille. Il sera frappé par la proximité du Mémorial alors qu'il avait fallu quatre mois de lutte aux troupes allemandes pour couvrir cette distance en 1916. À quelques centaines de mètres, la « tranchée des baïonnettes » attire toujours de nombreux visiteurs, intrigués par la légende. Sur la gauche du cimetière national, la forêt recèle de nombreuses fortifications visitables comme les PC 118, 119, l'abri des 4 cheminées, l'ouvrage de Thiaumont et celui de Froideterre.

Enfin et bien entendu, à quelques kilomètres de Douaumont, le visiteur n'omettra pas de se rendre dans le secteur nord du champ de bataille, afin de visiter le Bois des Caures et le PC du colonel Driant (classé monument historique depuis 1931) [1].

Pour celles et ceux qui souhaitent avoir une vue complète de la guerre à Verdun, il est recommandé de se rendre sur le champ de bataille de la rive gauche de la Meuse. La côte 304, le village détruit de Cumières, le Mort-Homme, qui ne présentent aucun ouvrage fortifié, attirent beaucoup moins de touristes. Or l'émotion qui se détache de ces lieux, surtout au Mort-Homme, est vraiment poignante. Par exemple, le village de Cumières est connu pour avoir été repris par des soldats de la Légion étrangère qui attaquèrent en chantant *La Madelon* ! Une route étroite mène au monument de la côte 304, dédié aux 10 000 morts de ce lieu tragique. Un peu plus loin se dresse la colline du Mort-Homme et sa stèle à l'inscription typique des poilus de Verdun : « Ils n'ont pas passé ». Enfin le village d'Esnes resté célèbre par son monument, où l'artiste a représenté un agriculteur qui ensemence son champ près d'une tombe dans laquelle est enseveli un poilu, avec cette légende : « Le sang versé comme une semence ».

À proximité, et en entrant dans le secteur de combat américain de 1918, il faut visiter le site de Montfaucon. On peut y voir les restes de l'église bombardée, un poste d'observation dans lequel le Kronprinz observait le champ de bataille. Dans ce secteur combattirent en septembre 1918, les futurs généraux Patton, Bradley, le capitaine Truman qui deviendra un des présidents des États-Unis, et enfin le soldat Julien Grenn, le grand écrivain.

Le circuit peut se poursuivre par un arrêt dans les bois d'Avocourt et Malancourt. Au hasard de la marche, on trouve sous les futaies des entrées de sapes. Il est inutile de préciser qu'il est très dangereux de pénétrer dans ces abris précaires.

Enfin, il faut noter que le Mémorial a tracé de nombreux sentiers balisés permettant de connaître vraiment le terrain. Grâce à douze feuillets

1. Après la guerre un comité présidé par le général De Castelnau décide d'ériger un monument à la gloire de Driant et de ses chasseurs. Œuvre du sculpteur G. Calvet, cette stèle est inaugurée le 22 octobre 1922.Le PC du célèbre colonel peut se visiter.

consacrés à ces sentiers pédestres, le randonneur comprendra plus exactement le déroulement des combats. Les guides écrits, s'ils ont un rôle pédagogique, rappellent qu'il est très dangereux de fouiller le sol afin de récupérer des vestiges et autres souvenirs ou bien de s'aventurer dans des anciens abris. L'historien de Verdun, G. Canini a préfacé ainsi le « guide du musée de plein air » répertoriant les douze sentiers : «… où lentement sans hâte, à pied sur le terrain bouleversé par les bombardements et encore mal cicatrisé, le touriste puisse se laisser pénétrer par l'émotion qui s'en dégage… »

La visite en Meuse doit se poursuivre par des sites qui ont joué un rôle important avant l'assaut du 21 février 1916. Les Eparges au sud de la ville de Verdun, est un site très visité. Baptisée « la colline aux poètes » disparus (ou le front littéraire), cette crête vit la mort (dernièrement médiatisée), d'Alain-Fournier auteur du livre *Le Grand Meaulnes*, celle de Louis Pergaud (*La guerre des boutons*), les blessures de Maurice Genevoix et de Teilhard de Chardin.

Plus au sud, la butte de Monsec et son grandiose monument américain, puis la ville de Saint-Mihiel, qui détient le triste privilège d'avoir été occupée par les troupes allemandes du début à la fin de la guerre. Quelques kilomètres plus loin, le secteur du Bois d'Ailly révèle des tranchées allemandes bétonnées, rappelant s'il en était besoin, la puissante technologie allemande. Un peu plus loin, la légendaire tranchée de la soif et le Bois Brûlé connu pour la phrase prononcée par J. Péricard : « Debout les Morts ».

À l'ouest, le site de Vauquois démontre l'atrocité de la guerre des mines, si bien décrite par le film tiré de l'œuvre de Roland Dorgelès, *Les Croix de Bois*. Le circuit de visite de l'Argonne nous conte la guerre des frères Garibaldi, célèbres volontaires italiens morts en 1914 et 1915. La Haute-Chevauchée avec son ossuaire nous rappelle que là périrent plus de 10 000 combattants. Bien que la ville de Varennes soit connue avant tout pour l'arrestation du roi Louis XVI (on peut voir la Tour de l'Horloge reconstruite), il est utile d'y faire escale. Ce fut, en effet, une des bases arrière du front allemand. Le musée démontre la technologie de la guerre des mines et de nombreuses collections militaires américaines. Le petit village proche de Cheppy fut un des villages occupés par les *feldgrau* engagés à Vauquois. Les murs et l'intérieur des maisons révèlent cette occupation par des sculptures et des graffitis encore visibles de nos jours.

La bataille de Verdun, est aujourd'hui, un petit chapitre dans les livres d'histoire. Chapitre qui se réduit toujours au fur et à mesure que le temps passe et qu'il faut faire sans cesse de la place pour les nouvelles convulsions de notre monde.

Raison de plus pour venir sur ce terrible champ de bataille parcourir des lieux qui furent tragiques et qui semblent pourtant aujourd'hui si paisibles.

Quelques dates à retenir :

Verdun, une bataille de 300 jours et de 300 nuits…

Avancée allemande

21 février : attaque allemande sur la rive droite de la Meuse.
25 février : prise du fort de Douaumont.
26 février : prise de commandement du général Pétain.
6 mars : attaque allemande sur les deux rives.
7 juin : le fort de Vaux est investi par les Allemands
11 juillet : ultime effort allemand vers la ville, mais le fort de Souville résiste.

La reconquête française

17 août : reprise du village de Fleury.
24 octobre : reprise du fort de Douaumont.
2 novembre : réoccupation française du fort de Vaux.
15 décembre : début de l'offensive victorieuse française.

SOURCES

Bibliographie sommaire

Amiot Y, *La capture*, 1996.
Barbusse Henri *Le feu*, 1920.
Barret R, *Le colonel Driant*, 1919.
Benoit G, *Verdun et les forts pendant la guerre*, 1929.
Bernanos Georges, *Les grands cimetières sous la lune*, 1951.
Beumelburg W, *Combattants allemands à Verdun*, 1934.
Beumelburg W, *Douaumont*, 1932.
Binois L, *Vaux, histoire d'un fort*, 2003.
Blond G, *Verdun*, 1960.
Bordeaux Henry, *Les derniers jours du fort de vaux*, 1917.
Bordeaux Henry, *Douleur et gloire de Verdun*, 1959.
Bouvier de la Motte, *L'attaque sur Verdun*, 1916.
Bridoux A, *Souvenir du temps des morts*, 1931.
Brown R, *Verdun 1916*, 1999.
Buffetaux Y, *Verdun, guide touristique*, 2002.
Cabaret L, *Verdun, mars avril 1916*, 1937.
Canini G, *Combattre à Verdun*, 1988.
Castex H, *Verdun, années infernales*, 1996.
Cendras Blaise, *La main coupée*, 1946.
Chaîne P, *Mémoires d'un rat*, 1917.
D'Estre H, *L'énigme de Verdun*, 1918.
Delvert M, *Carnets d'un fantassin*, 1928.

Delvert M, *Quelques héros*, 1917.
Denizot A, *Douaumont*, 1998.
Ducasse, Mayer, Perreux, *Vie et mort des français 1914-1918*, 1962.
Dugard H, *La bataille de Verdu*n, 1920.
Durup A, *Le fort de Vaux*, 2000.
Gaudy G, *Verdun et le Chemin des Dames*, 1966.
Gaudy G, *Les galons noirs*, 1930.
Genevoix Maurice, *Sous Verdun*, 1926.
Genevoix Maurice, *Au seuil des guitounes*, 1926.
Grand-Carteret M, *Verdun, images de guerre*, 1919.
Heuze H, *La Voie Sacrée*, 1926.
Huret H, *Les Américains en Lorraine*, 1998.
Jubert R, *Verdun*, 1930.
Kalusko J, *La face cachée*, 2001.
Leclerc M, *La passion de notre frère le poilu*, 1925.
Lefebvre J, *L'enfer de Verdun*, 1976.
Mac Orlan Pierre, *Les poissons morts*, 1917.
Madelin L, *L'aveu, la bataille de Verdun et l'opinion allemande*, 1929.
Minmeister M. C, *Douaumont, mon village*, 1996.
Montherlant Henry de, *Chant funèbre pour les morts de Verdun*, 1925.
Mornet D, *Tranchées de Verdun*, 1918.
Nicot A, *La Grande Guerre*, 1938.
Norton Cru, *Témoins*, 1993.
Pamart J. L, *Le paysan des poilus*, 2004.
Passaga Général, *Verdun dans la tourmente*, 1929.
Péricard J, *Verdun*, 1936.
Péricard J, *Ceux de Verdun*, 1917.
Perrin L, *Avec la piétaille*, 1956.
Polimann, *Le 137e RI pendant la guerre*, 1938.
Pétain Philippe, *La bataille de Verdun*, 1929.
Poincaré Raymond, *Au service de la France*, 1931.
Poirier J, *Verdun*, 1946.
P. C., *Avec les diables bleus*, 1921.
Raynal, *Le drame du fort de Vaux*, 1932.
Rolland Romain, *Au-dessus de la mêlée*, 1915.
Romain Jules, *Verdun*, 1938.
Ronach J, *Les commentaires de Polybe*, 1937.
Roy P, *Avec les honneurs de la guerre*, 1938.
Serrigny M, *30 ans avec Pétain*, 1959.
Simon P, *Fanion bleu jonquille*, 1930.

Stéphane M, *Ma dernière relève au Bois des Caures*, 1931.
Thellier de Poncheville, *Aux héros de Verdun*, 1930.
Thellier de Poncheville, *10 mois à Verdun*, 1936.
Valmy-Baisse J, *La Grande Guerre racontée par les combattants*, 1922.
Werth M, *Verdun*, 1979.

Littérature allemande

Buchner A, *En position à Vauquois*, 1991.
Falkenhayn H, *Le commandement suprême de l'armée allemande*, 1920.
Erich-Maria Remarque, À l'Ouest rien de nouveau, 1929.
Kronprinz, *Souvenirs de guerre et mémoires*, 1932.
Luddendorf, *Souvenirs de guerre*, 1927.
Ludwig Renn Krieg, 1928.
Markus K, *Die Höhe toter Mann Verdun, 16-17*, 2001.
Schauwecker F, *Dans le gouffre de la mort*, 1919.
Von Unruth, *Verdun, la bataille vue du côté allemand*, 1923.

Publications

L'Almanach du combattant (années 1932 à 1997), *Les annales politiques et littéraires*, *Guides Michelin, Historiques régimentaires, Miettes d'histoire et poussières de gloire, Les armées françaises dans la Grande Guerre* (11 volumes), 1916, année de Verdun par le SHAT de Vincennes (1996), Actes des colloques sur la bataille de Verdun (1975 et 1976), *Verdun* par les éditions du Combattant et Durassié, *Verdun, ville militaire* aux éditions Connaissance de la Meuse, *Villages détruits et reconstruits* aux mêmes éditions, *Verdun et ses champs de bataille, Verdun, aimer les lieux* (éditions Ouest-France), *Verdun, mini-guides* (Histoire et collections), *Verdun*, cahiers de la fortification (éditions ANSBV), *Précis de fortifications* (éditions Ysec), *Les forts de la victoire* (éditions Citédis), *Guide du Musée de plein air* (ANSBV), carte IGN, *Forets de Verdun*, etc. Ainsi que les livrets allemands : *Die Tragoedie von Verdun* (1916), *Das Ringen um Fort Vaux* (1919).

Presse de l'époque

Le Pays de France, l'Illustration, Lecture pour tous, Panorama de la guerre, J'ai vu, Le miroir, Almanach du combattant, Excelsior, l'Éclair, l'Écho de Paris, l'Homme enchaîné, l'Information, l'Intransigeant, La croix meusienne, la Dépêche, La Patrie, Le figaro, Le journal, Le matin, Le petit parisien, Le temps, Pages de gloire, Paris journal, Der Krieg, Der Welt-Spiegel, Die Wochenschau, Illustrieter Kriegs-Kurier, etc.

Organismes officiels

Service historique de l'armée de terre, Mémorial de Verdun, Mairie de Verdun, Conseil général de la Meuse, Maison du tourisme de Verdun, Comité départemental du tourisme de la Meuse, Ossuaire de Douaumont, Madame le maire du village de Douaumont, Centre mondial de la paix à Verdun, etc.
Parmi les associations du souvenir, il faut citer les différentes amicales régionales de Ceux de Verdun leurs descendants et leurs amis, Les amis de Vauquois, Le comité de la « Voie Sacrée », Connaissance de la Meuse, l'ANSBV, De Bello, Patrimoine de la Grande Guerre, Soissonnais 14-18, etc.

Documents

Collection de cartes postales anciennes traitant de ce sujet, témoignages divers de familles et particulièrement ceux de la famille Johan de Tarabel, Fourment de Saint-Gaudens, Picot de Saint-Plancard, Soula de Toulouse, etc. Sans omettre un sincère remerciement aux personnes qui m'ont particulièrement aidé pour la réalisation de cet ouvrage : Monsieur et Madame Bourgeois et Robert Créange de Paris (descendants des anciens présidents de la Fédération de Ceux de Verdun, le colonel Créange et le général Bourgeois), Émile Averseng de Toulouse, Marc Polan de Sains du Nord, et enfin Les Collections internationales de Verdun.

Sur les animaux dans la guerre, voir les thèses téléchargeables à l'adresse suivante :
http://theses.vet-alfort.fr/recherche.php?texte=guerre&annee;_deb=&annee;_fin=&ecole;=&submit;=Rechercher

TABLE DES MATIÈRES

Les éditions Tirésias ont publié

- Les Bibelforscher et le nazisme (1933-1945) de S. Graffard et L. Tristan Nouvelle édition revue et augmentée
- Féminin Absent (récit) de M. Reynaud
- L'Olivier de Makouda de Ch. Buono
- Un Juif sous Vichy de G. Wellers
- L'Insectueuse (roman) de E. Hugues
- L'Assassinat de Château-Royal - Alger: 15 mars 1962 de J.-P. Ould Aoudia
- Eysses contre Vichy 1940 -... Éd. de luxe plus Mémorial
- Une dynastie d'écolâtres. Biographie de P. Marthelot
- La collaboration dans l'Eure 1940-1944 de J. Papp
- Clandestinité de A. Mazeline
- Mogapoly de P.-M. Chanareille
- Falstaff chez Khomeini de J. Graves
- Falstaff au Viêt-Nam de J. Graves
- La Résistance dans le Bocage Normand de A. Debon et L. Pinson
- La Femme du Milieu (roman) de E. Hugues
- Matthieu Terre (roman) de M. Reynaud
- Un Hanneton au Nuage de Magellan de V. Marescot et G. Perrolet
- Ces Femmes Espagnoles de la Résistance à la Déportation de N. Català (3e édition)
- Les Francs-Tireurs et les Garibaldi de R. Molis
- Anthologie des poèmes de Buchenwald de A. Verdet
- Face à la Cage de Verre de H. Gouri
- La Nuit tombe sur Alger la blanche de N. Hayat (2e édition)
- Un enlèvement en Kabylie - 13 sept. 1956 de J.-P. Ould Aoudia
- La Foire à l'Homme (anthologie en 2 tomes) de M. Reynaud avec le coffret illustré par Combas et Chambas
- L'Odette des Brizards (Une vie en Morvan) de E. Hugues
- Complicités avec Jean Vilar - Antoine Vitez de J. Ralite
- Lluís Llach de B. Baudriller
- Ecrits dans la cendre de M. Ben-Shaul
- Les Amants de papier de M.-D. Dubourg
- L'Odyssée d'une jeune fille de bonne famille de A. Benacerraf
- Le rat, le loup et la fourmi (fable) de V. Feyder
- Paul… (roman) de M. Reynaud
- Un Allemand dans la Résistance de G. Leo (2e édition)
- Messali Hadj - La passion de l'Algérie Libre de J. Simon
- En Algérie « du temps de la France » de J. Galland
- J'écris (poésie d'Algérie) de M. Boulanouar
- Kahena (roman) de J.-P. Gaildraud
- Mendel Schainfeld, le deuxième voyage… de F. Béchu
- Des youyous et des larmes de N. Hayat

- L'Afrique bascule vers l'avenir de G. Tillion
- Le sel de la terre (les Brigades internationales) de F. Gravas
- Mémoire Cheminote en Nord-Pas-de-Calais
- Du côté des vainqueurs de J.-C. Dumoulin
- La cour des maîtres de R. Lucot
- Maxime, Pauline, Yacine… et la maîtresse de l'hôpital de E. Hugues
- Un élu dans la guerre d'Algérie de J.-P. Ould Aoudia
- La Courbe de Gauss de B. Fouks
- Le voleur de feu de J.-L. Crémieux-Brilhac
- Dernières marches de René Lucot
- Yvonne Le Tac, Une femme dans le siècle de M. Le Tac - Mentionné au Prix littéraire de la Résistance 2001
- L'innocence et la ruse/Des étrangers dans la Résistance. Provence (1940-1944) de G. Georges-Picot
- Romo Goldèche, Vieux mythe et grands secrets du journalisme de J.-P. Farkas
- Notre place au soleil, La mémoire du peuple berbère de J. Dumaurier
- Ceux de « Manipule » de M. Ducoudray
- Reflets... de M. Federman, présenté par V. Feyder
- Homocrène suivi de La lettre à K... de M. Reynaud
- L'Indigène aux semelles de vent de N. Hayat
- Carnets de Guerre - Ma campagne de Dunkerque de A. de Vogüé
- Luttes sociales et politiques en Guyane (1934-1989) de P. Léon
- La Villa Susini, Tortures en Algérie - Un appelé parle (juin 1961-mars 1962) de H. Pouillot
- La Folie du Jasmin - Poèmes dans la nuit coloniale de Madeleine Riffaud
- Voulez-vous de mes nouvelles ? de R. Lucot
- Léonne, bonne de ferme à 12 ans (une vie en Beauce au début du XXe siècle) de C. Langlois
- Nouvelles peu exemplaires de F. Vernet
- La tête ici, le cœur là-bas (guerre d'Algérie) de J. Galland
- Les Barbelés des Bannis de J.-Cl. Auriol
- Elles et eux, de la Résistance - Pourquoi leur engagement ? de C. Langlois et M. Reynaud
- Nous et moi, grandeurs et servitudes communistes, de A. Ruscio
- Les oublies de Ch. Fernandez
- Une seule pensée : Liberté - Anthologie de poèmes de prisonniers de guerre du XXe siècle de M. Reynaud
- La poésie arabe maghrébine d'expression populaire de M. Belhalfaoui
- Le partisan espagnol de M. Constante
- Ici est tombé de Ph. Castetbon
- Bleuette de Madeleine Riffaud, illustrations Jeanne Puchol
- Comme une grande fête de Max Rainat, illustrations Jeanne Puchol
- Sans se départir de soi de Pierre Sudreau

- Livre-Mémorial des déportés de France arrêtés par mesure de répression et dans certains cas par mesure de persécution, 1940-1945, avec la FMD en 4 tomes
- Indomptable et Rebelle de Marie-Claire Scamaroni
- Femmes en prison dans la nuit noire de l'occupation : le Dépôt, la petite Roquette, le camp des Tourelles de France Hamelin
- Les ennemis complémentaires : guerre d'Algérie de Germaine Tillion
- Elles et Eux et l'Algérie de Michel Reynaud
- Amis des Juifs - Les résistants aux étoiles de Cédric Gruat et Cécile Leblanc
- Elles et Eux et la déportation de Caroline Langlois et Michel Reynaud
- L'agent orange au Viêt-nam - Crime d'hier, tragédie d'aujourd'hui de l'AAFV
- Mémoire de papier - Correspondance des poilus de la Grande Guerre de Jean-Claude Auriol
- L'euthanasie national-socialiste Hartheim-Mauthausen 1940-1944 de Claude Bessone et Jean-Marie Winkler
- Les Républicains espagnols au Camp nazi de Mauthausen (bilingue espagnol/français) de Pierre et Véronique Salou
- Elles et Eux et le journalisme de Brigitte Baudriller
- Vivre par terre de Philippe Castetbon (avec le soutien de Médecins du Monde)
- Elles font bouger l'Afrique présenté par l'AFASPA
- La Bataille de Marignane 6 juillet 2005 La République, aujourd'hui, face à l'OAS de Jean-Philippe Ould Aoudia, suivi de Mort pour la France de Jean-françois Gavoury
- Résister à Buchenwald présenté par L'Association de Buchenwald
- Verdun 1916 Un regard sur cette Histoire de Jean-Claude Auriol
- Mémoires et Histoire de la déportation (Dachau), Anne Bernou- Fieseler et Fabien Théofilakis (dir.)

En co-édition avec l'AERI, collection Histoire pour Mémoire :
- Retour à la vie de Y. Béon
- Un cheminot rennais dans la Résistance de G. Le Corre
- Ailleurs demain de L. Rivière
- Itinéraire d'un résistant des Cévennes à la Libération de R. Coutarel
- Corse des années de guerre 1939-1945 de H. Chaubin

Autres ouvrages à paraître :
- Vieux compagnons dont la jeunesse est à la douane de Véronique Olivares
- Ne serait-ce qu'un souffle de Caroline Langlois
- Elles et Eux la chanson de Michel Reynaud et Véronique Olivares
- L'indépendance, un combat qui continue deJean Galland
- Carnet d'un mythomane de M. Reynaud

« Tirésias, le devin, accepta certains sacrifices, notamment la cécité, au prix de la vérité. Ni l'enfer ni le silence ne lui firent peur ni taire. Son choix lui apporta l'éternité. Telle est ma volonté, tant au travers de l'authenticité historique que de la littérature. Peu importent le prix et le risque, le silence n'aura pas de place chez Tirésias et nous serons le vecteur de la Mémoire. »

Michel Reynaud, éditeur

editions.tiresias@club-internet.fr

Membres d'honneur des Amis de Tirésias : Lucie Aubrac, Marie-José Chombart de Lauwe, Christine Levisse-Touzé, Mme Salah Ould Aoudia, Madeleine Riffaud, Marie-Claire Scamaroni, Germaine Tillion, Hélène Viannay, Raymond Aubrac, Jean-Louis Crémieux-Brilhac, Guy Ducoloné, Pierre Sudreau, Pierre Vidal-Naquet, Dr Jacques Azérad...

L'association des Amis de Tirésias (Loi 1901) a été créée pour soutenir et faire connaître la vaste entreprise sur les oubliés de l'Histoire que les Éditions Tirésias ont entamée en 1990. Elle organise plusieurs dîners littéraires dans l'année, qui connaissent un succès certain. Ces rencontres fructueuses et animées sont partagées fraternellement toutes générations confondues. L'association a pu, grâce au soutien de ses adhérents, aider les Éditions Tirésias à publier certains ouvrages.

Pour contacter les Amis de Tirésias :

Tél. 06 86 26 73 20

ou

amisdetiresias@club-internet.fr

Achevé d'imprimer sur les presses de
l'Imprimerie France Quercy, 46090 Mercuès
N° d'impression : 61491
Dépôt légal : juin 2006

Imprimé en France